本书受到财政部和农业农村部共同支持的项目"国家现代农业产业技术体系"（CARS-38）的资助

中国肉羊产业经济研究

李军 潘丽莎 韩丽敏 等著

第1辑

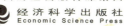

中国财经出版传媒集团

经济科学出版社

Economic Science Press

·北 京·

图书在版编目（CIP）数据

中国肉羊产业经济研究．第 1 辑／李军等著．--北京：经济科学出版社，2024.1
ISBN 978 - 7 - 5218 - 5549 - 4

Ⅰ.①中…　Ⅱ.①李…　Ⅲ.①肉用羊 - 畜牧业经济 - 产业发展 - 研究 - 中国　Ⅳ.①F326.33

中国国家版本馆 CIP 数据核字（2024）第 024314 号

责任编辑：汪武静
责任校对：刘　昕
责任印制：邱　天

中国肉羊产业经济研究
（第 1 辑）

李　军　潘丽莎　韩丽敏　等／著

经济科学出版社出版、发行　新华书店经销
社址：北京市海淀区阜成路甲 28 号　邮编：100142
总编部电话：010 - 88191217　发行部电话：010 - 88191522
网址：www. esp. com. cn
电子邮箱：esp@ esp. com. cn
天猫网店：经济科学出版社旗舰店
网址：http://jjkxcbs. tmall. com
固安华明印业有限公司印装
710×1000　16 开　14 印张　200000 字
2024 年 1 月第 1 版　2024 年 1 月第 1 次印刷
ISBN 978 - 7 - 5218 - 5549 - 4　定价：63.00 元
（图书出现印装问题，本社负责调换。电话：010 - 88191545）
（版权所有　侵权必究　打击盗版　举报热线：010 - 88191661
QQ：2242791300　营销中心电话：010 - 88191537
电子邮箱：dbts@ esp. com. cn）

本书编写人员：（按姓氏笔画排序）

甘春艳　　冯晓龙　　邢泽蕾

许倍瑜　　李　军　　李春顶

杨　鑫　　张小栓　　陈俞全

周菁怡　　郑　佳　　郑爽玉

黄镜池　　韩丽敏　　樊慧丽

潘丽莎　　薛　平

PREFACE ----- 前言

　　本书是国家肉羊产业技术体系产业经济研究室团队于 2018～2022 年部分研究成果合集。

　　作为我国农业的重要组成部分，肉羊产业的发展对完善我国农业产业结构、提高农业竞争力、保障居民食物安全和营养需求，尤其是满足边疆地区少数民族居民生产生活需求、助力增收、稳定社会经济秩序等具有重要现实意义。国家肉羊产业技术体系立足于肉羊产业长远发展的战略需求，依托各地区农业院校和农科院等单位，设置多个领域的岗位站和试验站，着力建设政产学研紧密结合的综合性服务平台。多年来，产业经济研究室的工作主要围绕保障肉羊产业的稳定可持续发展和提供咨询服务展开，包括密切关注和追踪国内外肉羊产业发展动态和趋势，关注重大公共突发事件、社会经济及自然风险，并通过网络媒体发声；此外，也与体系内外其他研究室、试验站以及其他部委单位开展合作，配合其开展调研和培训工作，为技术落地提供科学评价方案，开展县域推广技术服务，提供应急咨询服务。

　　自 2016 年担任产业经济研究室主任以来，在体系首席金海研究员以及各岗站专家同仁的信任、支持与配合下，本人带领产业经济岗团队顺利完成体系布置的各项任务，深入地方开展调研，尽力发挥产业经济岗的服务功能。本书正是团队在 2018～2022 年形成的较有代表性的阶段研究成果合集，一方面是总结团队工作成果，另一方面也为读者提供有关近年来肉羊产业经济发展情况的参考资料，希望能引起相关专业研究者的共鸣。本书主要内容包含四个专题，分别为产业发展概况、产业生产、产业市场及产业政策，各专题内容从宏观和微观两个视角，围绕国内外肉羊产业发展、产品贸易以及全国肉羊产业品牌建设、羊肉价格、养殖户养殖行为等方面开展分析。

值得一提的是，上述研究成果的完成离不开国家肉羊产业技术体系的大力支持和帮助，更离不开地方畜牧局工作人员的配合和辛苦付出，在此表示最衷心的感谢！虽研究产业经济多年，但终究难以穷极其中奥窍，本书多有不足，恳请各位读者批评指正！

2023 年 9 月

目 录 /Contents

专题四
肉羊产业养殖情况

专题一

肉羊产业发展概况

中国肉羊产业"十三五"时期发展回顾及"十四五"时期发展展望*

摘要： 本文从生产、贸易、消费、价格及政策五个方面对"十三五"时期我国肉羊产业的发展情况进行回顾，总结其主要特征为：一是产量和产能均有所提升；二是进口规模稳步增长，但出口规模有所缩减；三是消费总体稳步增长，但人均户内消费量有所下降；四是羊肉价格整体高位运行，在外界因素影响下波动比较明显；五是产业政策扶持力度继续加大。预计"十四五"时期，羊肉产品需求将稳中有升，但供给侧结构仍需优化，产业发展仍然面临着较大的环境和资源约束。

关键词： 肉羊；生产；消费；"十三五"；展望

1. 引言

"十三五"时期，我国畜牧业遵循绿色发展理念，逐步走上高质量发展道路，整体呈现出持续向好发展，产品市场供给基本充足。这一时期，产业政策进一步调整优化，为畜牧业发展和养殖户增收提供了良好的政策保障，营造了相对稳定的发展环境。"十三五"时期，小反刍疫情继续影响肉羊产业发展，同时，后期发生的非洲猪瘟及新冠疫情两大突发事

---

* 本部分作者为潘丽莎和李军。

件导致国内畜牧业动荡。与生猪、家禽产业相比，肉羊产业在产量和产值上均属于小产业，但其对保证国内肉类供给、增加农牧民收入以及稳定边疆少数民族地区的社会经济稳定等发挥了重要作用。通过回顾"十三五"时期我国肉羊产业整体发展情况，并梳理这一时期产业政策的调整情况，对明确"十四五"时期产业发展方向以及相关政策的制定具有一定的参考意义。因此，本文首先从生产、贸易、消费、价格和政策5个方面回顾了"十三五"时期我国肉羊产业的发展情况，然后对"十四五"时期产业发展趋势进行展望。

2. "十三五"时期羊肉产业发展情况

2.1 羊肉产量稳步增长，生产能力不断提升

"十三五"时期，我国肉羊产量持续增加，但增速有所放缓。从存、出栏量来看，2015～2020年，我国羊存栏量从31174.3万只减少至30655.0万只，降幅达1.7%，年均降低0.3%。而"十二五"时期羊出栏量从29472.7万只增长至31941.0万只，提高了8.4%，年均增速达到1.6%。从羊肉产量来看，2015～2020年我国羊肉产量从439.9万吨增长至492.3万吨，提高了11.9%，年均增长率达到2.3%，增速较"十二五"时期上升了0.7个百分点（见图1）。此外，羊肉在肉类总产量的比重从5.0%上升至6.4%，表明肉羊产业在畜牧业发展中的地位有所提升。①

---

① 资料来源：国家统计局—牲畜饲养、牲畜出栏、畜产品产量指标（https://data.stats.gov.cn/easyquery.htm? cn = C01）。

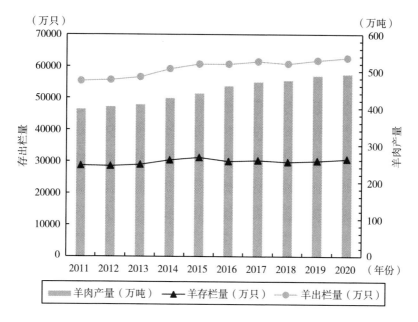

图1　2011～2020年中国羊肉产量及羊只存、出栏量变动情况

资料来源：国家统计局：牲畜饲养、牲畜出栏、畜产品产量指标（https://data.stats.gov.cn/easyquery.htm? cn = C01）。

从各省（区）羊肉生产情况来看，"十三五"时期，羊肉产量排名前五的省（区）包括内蒙古、新疆、山东、河北和四川，与"十二五"时期基本相同，其中，内蒙古作为我国羊肉生产第一大省（区），2020年羊肉产量占全国羊肉产量的比重为23.0%，较2015年上升了1.9个百分点；产量排名第二的新疆在2020年的羊肉产量占全国羊肉产量的比重为11.6%，较2015年下降了1.0个百分点。[①]

从产能发展情况来看，2015～2020年，我国羊只出栏率从0.97增长至1.06，表明"十三五"时期，我国羊群周转速度和整体生产水平有一定程度提升。此外，2015～2019年，全国各地区散养肉羊主产品平均重量从43.2千克增长至44.9千克，共增长了3.8%，年均增长0.9%，增速与"十二五"时期相近。与此同时，散养肉羊的养殖成本也从1002.1

① 资料来源：2016～2021年《中国统计年鉴》。

元/只增长至 1240.0 元/只，增长了 23.7%，年均增长 5.4%，增速较"十二五"时期下降了 3.9 个百分点。[①] 从规模化程度发展情况看，2020 年全国羊养殖综合规模化率为 43.1%，仅比 2015 年上升了 6.4 个百分点，[②] 说明我国肉羊养殖仍然以家庭式散养为主，规模化养殖发展速度较慢，产业的规模经营水平仍有待提高，长此以往无法缓解国内羊肉市场供给偏紧的压力。

2.2　羊肉进口持续增加，出口下降趋势明显

中国是世界第一大羊肉生产国，同时也是羊肉进口大国。"十三五"时期，我国羊肉进口规模整体有所扩大，出口规模持续缩小。

在进口方面，"十三五"时期，我国羊肉进口量继续增长，从 22.3 万吨增长至 36.5 万吨，提高了 63.7%，年均增长 10.4%，增速较"十二五"时期下降了 21.0 个百分点。2020 年受新冠疫情影响，各国对产品进出口限制加强，我国羊肉进口量出现了 5 年来的首次下降，2020 年进口量较 2019 年下降了 7.0%。进口额的变动趋势与进口量类似，从 7.30 亿美元增长至 17.44 亿美元，共增长了 1.4 倍，年均增长率达到 19.0%，增速较"十二五"时期下降了 17.0 个百分点（见表 1）。"十二五"时期和"十三五"时期，我国羊肉进口来源变动不大，主要集中在澳大利亚和新西兰，其次为乌拉圭和智利。2020 年，从澳大利亚和新西兰两国进口羊肉总量占我国羊肉总进口量的 96.7%，而 2015 年该比重为 98.8%。可见，我国对澳大利亚、新西兰两国的羊肉进口依存度有所下降。[③]

---

① 资料来源：2016～2021 年《全国农产品成本收益资料汇编》。
② 资料来源：《中国畜牧兽医统计摘要（2021）》；羊养殖规模按年出栏 100 只以上标准测算。
③ 资料来源：UN Comtrade 数据库（https://comtradeplus.un.org/）。

表1　　　　　"十二五"时期和"十三五"时期中国羊肉贸易情况

年份	进口量 （万吨）	进口额 （亿美元）	出口量 （万吨）	出口额 （亿美元）
2011	8.31	2.76	0.81	0.53
2012	12.39	4.22	0.50	0.43
2013	25.87	9.55	0.32	0.31
2014	28.29	11.33	0.44	0.43
2015	22.29	7.30	0.38	0.34
2016	22.01	5.74	0.41	0.35
2017	24.90	8.78	0.52	0.46
2018	31.90	13.09	0.33	0.35
2019	39.24	18.62	0.20	0.21
2020	36.50	17.44	0.17	0.19

资料来源：根据 UN Comtrade 数据库数据计算整理。

在出口方面，"十三五"时期，我国羊肉出口量总体呈下降趋势，从 3759.2 吨下降至 1726.4 吨，下降了 54.1%，年均降幅达到 14.4%，较"十二五"时期减少 8.1 个百分点。出口额的变动趋势与出口量类似，从 3371.9 万美元减少到 1937.9 万美元，减少了 42.5%，年均降幅达到 10.5%，较"十二五"时期减少 2.9 个百分点（见表1）。我国羊肉出口历年来规模较小，出口区域也比较集中，主要集中在中国香港、澳门地区以及阿联酋、以色列等国家和地区。2020 年出口到中国香港和澳门地区的羊肉数量占总出口量的 95.3%，较 2015 年增长 26.7 个百分点。[①] 此外，"十三五"时期，我国也开始向柬埔寨、越南等东南亚国家出口羊肉。可见，虽然我国羊肉出口规模整体缩减，但出口市场有所拓宽。

综上所述，我国作为世界第一大羊肉净进口大国，羊肉产品出口竞争力较弱，近年来净进口稳步上升（见图2），2020 年净进口量为 36.3 万吨，净进口额为 17.2 亿美元，分别较 2015 年增长了 65.7% 和 147.7%。[②]

----

①② 资料来源：UN Comtrade 数据库（https://comtradeplus.un.org/）。

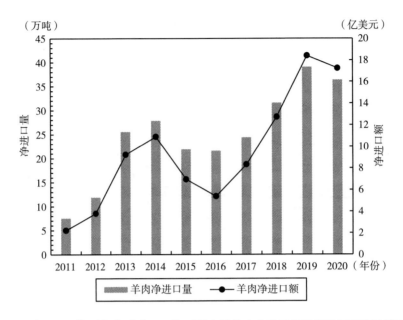

图2 "十二五"时期和"十三五"时期中国羊肉净进口量及净进口额变动情况
资料来源：根据 UN Comtrade 数据库数据计算整理。

2.3 羊肉总体消费增长明显，但户内消费有所下降

受羊肉价格波动等因素的影响，2016～2019 年，我国城乡居民人均户内羊肉消费量有所下降，从 1.5 千克/人减少至 1.2 千克/人，2019 年与 2015 年数值较为相近，2016 年较 2015 年增长了 20.9%；其中，城镇人均消费量下降较为明显，从 1.8 千克/人下降至 1.4 千克/人，农村居民人均消费量变动不大，稳定在 1.0 千克/人左右。2015～2019 年，全国居民户内羊肉消费总量从 170.8 万吨增加至 173.9 万吨，增长了 1.9%，年均增长 0.5%，增速较"十二五"时期下降了 3.9%；其中，2016 年较 2015 年增长了 21.6%（见图3）。从表观消费量①来看，"十三五"时期，

① 表观消费量 = 国内产量 + 进口量 − 出口量

我国居民羊肉的表观消费量从 461.5 万吨增长至 493.0 万吨，增长了
6.8%，年均增长率达到 1.3%，较"十二五"时期下降了 0.9 个百分点；
人均表观消费量从 3.3 千克/人增长至 3.5 千克/人，增长了 4.6%，年均
增长 0.9%，较"十二五"时期下降了 0.7 个百分点（见图 3）。

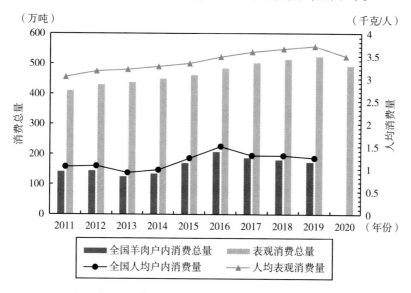

图 3 "十二五"时期和"十三五"时期羊肉消费情况

资料来源：户内消费量数据来源于 2010～2020 年《中国统计年鉴》；表观消费量数据根据
国家统计局及 UN Comtrade 数据库数据计算整理。

从肉类户内消费比重来看，"十三五"期间，居民主要肉类消费的结
构基本稳定，猪肉和禽肉户内消费量占比最大，2019 年分别达到 56.3%
和 31.7%，牛肉和羊肉占比相近，分别达到 8.2% 和 3.8%，与 2015 年相
比，仅禽肉消费量占比上升了 3.9 个百分点，猪肉、牛肉和羊肉分别下降
了 4.6 个、1.3 个和 0.6 个百分点。从肉类消费的区域分布来看，我国羊
肉消费主要集中在西部地区，人均户内羊肉消费量排名前三的省（区）
分别为新疆、内蒙古和青海，但 2019 年消费量均较 2015 年有所下降，降
幅分别达到 25.6%、7.6% 和 20.3%。①

——————————

① 资料来源：2010～2020 年《中国统计年鉴》。

综上所述，我国羊肉消费整体增加，增速趋缓；受价格等因素的影响，居民羊肉的户内消费量下降较为明显，但考虑到收入的增长会激励居民在户外消费肉类（闵师等，2014；程广燕等，2015；胡雅淇等，2017），未来羊肉消费的市场潜力有待进一步挖掘。

2.4　羊肉价格持续升高，周期性和季节性波动明显

从羊肉名义价格的变动情况来看，2015～2020 年，羊肉集贸市场价格从61.3 元/千克增长至80.6 元/千克，增长幅度高达30.2%，年均增长5.6%（见图4）。羊肉市场价格波动的因素主要来自供给和需求两个方面，同时，包括疫病风险、消费偏好、国家政策等在内的外部冲击因素也会在一定程度上影响羊肉价格的变动（樊慧丽和付文阁，2020；王如玉和肖海峰，2021）。"十三五"期间，肉羊产业经历了小反刍疫情，之后又发生了非洲猪瘟以及新冠疫情，造成畜牧业产业震荡，期间羊肉价格波动较大。

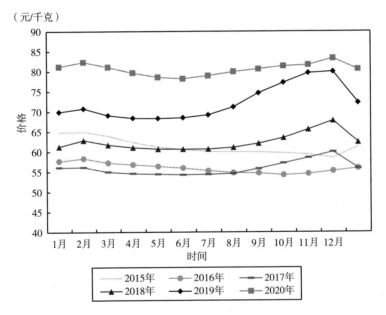

图4　2015～2020 年羊肉月度集贸市场价格情况

资料来源：由农业农村部畜牧兽医局每周畜产品和饲料集贸市场价格监测预警数据计算整理（http://www.xmsyj.moa.gov.cn/）。

具体来说，2015 年受小反刍兽疫疫情影响，养殖户纷纷抛售，一时间羊肉市场供给增大，加之经济下行国内消费需求减少等因素影响，羊肉价格下降明显。2014 ~ 2017 年，羊肉年平均价格从 65.4 元/千克降至 55.9 元/千克，降幅达 17.0%；到 2017 年下半年，羊肉价格开始逐渐提升，恢复正常；而到了 2018 年下半年，非洲猪瘟疫情全面暴发，猪肉价格猛涨，由于猪肉对其主要替代品的价格波动存在明显的传导效应（刘程军等，2021），所以羊肉价格也出现了较大幅度的上涨。2020 年，突如其来的新冠疫情极大地影响了肉羊的正常生产周期，"人流"和"物流"的阻断也使得羊只出栏时间整体往后推迟，羊肉市场供给不足，加之生猪产业产能尚未完全恢复，羊肉价格在 2019 年增长的基础之上继续保持高位运行，上半年各月同比增长均在 14% 以上，直到下半年同比的差距才逐渐缩小。2017 ~ 2020 年，羊肉年平均价格由 55.9 元/千克上涨至 80.6 元/千克，上涨了 44.2%；2017 ~ 2020 年周度价格最高为 83.3 元/千克，最低为 54.3 元/千克。[①]

此外，历年羊肉价格的波动都表现出明显的周期性和季节性，通常为 1 ~ 2 月上升，3 ~ 6 月下降，以及 7 ~ 12 月回升。第一阶段的上升主要由于春节临近，羊肉的需求增加从而使得羊肉价格短期上涨；第二阶段的下降主要由于天气逐渐变暖，羊肉的需求逐渐下降；第三阶段的回升主要是因为随着天气变冷，羊肉需求增加，带动羊肉价格回暖。

2.5 肉羊相关政策进一步实施，为产业可持续发展保驾护航

当前，与肉羊产业相关的政策主要包括两类：一类是肉羊产业支持保护性补贴，如良种补贴、规模化补贴、机械购置补贴等；另一类是与

---

① 资料来源：由农业农村部畜牧兽医局每周畜产品和饲料集贸市场价格监测预警数据计算整理（http://www.xmsyj.moa.gov.cn/）。

肉羊产业相关的资源环境保护政策，如草原生态保护补助奖励政策以及粪污资源化处理等政策。总体来看，"十三五"时期，肉羊产业相关的政策种类未发生较大变动，但政策内容进一步细化，补贴力度进一步加强，为产业发展保驾护航。

2.5.1　产业支持保护性补贴

（1）牧区良种推广政策。"十三五"时期，中央财政继续安排资金在内蒙古、四川、云南、西藏、甘肃、青海、宁夏和新疆8省（区）支持牧区畜牧良种推广，主要对使用良种精液开展人工授精的存栏能繁母羊30只以上的养殖户进行适当补助，以促进肉羊良种推广应用，共同推进肉羊品种改良进程。

（2）标准化规模养殖支持政策。"十三五"时期，国家继续推动肉羊标准化规模养殖项目建设，保障优质羊肉的稳定生产，由中央财政安排资金，支持内蒙古、四川、西藏、甘肃、青海、宁夏、新疆以及新疆生产建设兵团肉牛肉羊标准化规模养殖场（小区）建设。资金主要用于养殖场和养殖小区的水电路改造、粪污处理、防疫、质量检测等配套设施建设等。

（3）农机购置补贴政策和农机报废更新补贴试点政策。"十三五"时期，国家继续在全国所有农牧业县（场）单位实施农机购置补贴政策，补贴机具种类由各省结合实际从全国范围中确定，具体实施方式包括自主购机、定额补贴、先购后补、县级结算、直补到卡（户），补贴额按照同档产品上年市场销售均价进行测算。同时，继续实施农机报废更新补贴政策，对报废老旧农机给予适当补助。

（4）牛羊调出大县奖励。2015年，财政部制定了《生猪（牛羊）调出大县奖励资金管理办法》，要求将牛羊调出大县奖励资金按因素法分配到县，分配因素包括过去三年年均牛羊调出量、出栏量和存栏量，各个因素的权重分别为50%、25%和25%。奖励资金对牛羊调出大县前100

名给予支持。"十三五"时期，国家继续对牛羊调出大县进行奖励，促进地区牛羊生产流通和产业发展。

（5）动物防疫补助政策。"十三五"时期，国家继续实施动物防疫补助政策，主要包括强制免疫补助、动物疫病强制扑杀补助和养殖环节无害化处理补助三大类，各省在具体实施中根据实际情况细化标准和统筹使用资金。

（6）粮改饲政策。"十三五"时期，国家继续在试点区域内实施粮改饲政策，重点支持东北地区和北方农牧交错带扩大实施规模，补助对象为规模化草食家畜养殖场户或专业青贮饲料收贮合作社等新型农业经营主体，主要选择玉米种植面积大、牛羊饲养基础好、种植结构调整意愿强的县进行整体推进，推动种植结构的调整。

2.5.2 产业相关资源环境保护政策

（1）草原生态保护补助奖励政策。该政策要求草原地区实施禁牧和按照草畜平衡标准放牧，所以对牧区肉羊产业发展影响极大。从 2011 年起，国家在 8 个主要草原牧区省（区）和新疆生产建设兵团，全面建立草原生态保护补助奖励机制，2012 年将全国 13 省（区）所有牧区半牧区县全部纳入政策实施范围。2016 年，国家启动了新一轮草原生态保护补助奖励政策。在第二轮政策实施中，禁牧补助标准由每年每公顷 90 元提高到了每年每公顷 112.5 元，草畜平衡奖励由每年每公顷 22.5 元提高至每年每公顷 37.5 元，取消了第一轮政策中每年每户 500 元的生产性补贴，同时在 5 省（区）实施"一揽子"政策和绩效评价奖励。各省（区）依据国家标准，可以制定各地符合实际的具体标准。随着政策实施力度的不断加大，草原畜牧业生产方式加快转变，在一定程度上缓解了草场的退化。

（2）畜禽粪污资源化处理。"十三五"时期，国家继续组织实施畜禽分无资源化利用项目，项目资金主要用于支持畜禽粪污收集、贮存、处理、利用等环节的基础设施建设。2019 年，中央财政和中央预算内投资总共安排 97 亿元用于支持畜牧大县整县推进畜禽粪污资源化利用，新支持 304 个畜牧大县提升基础设施条件，实现了畜牧大县全覆盖（农业农村部政策与改革司，2020）。

3. "十四五"时期肉羊产业展望

2021 年中央一号文件《中共中央 国务院关于推进乡村振兴加快农业农村现代化的意见》重点提到要"积极发展牛羊产业"，这为"十四五"时期的肉羊产业发展定下了良好的基调。同时，2021 年农业农村部在《推进肉牛肉羊生产发展五年行动方案》中要求"促进肉牛肉羊生产高质高效发展，增强牛羊肉的供给保障能力"，而这一方案也将成为对"十四五"时期肉羊产业发展具有指导性意义的重要方案。

3.1 羊肉产量将保持增长，增速继续变缓

随着肉羊产业产能稳步提升，"十四五"时期羊肉产量将继续增长。在牧区，随着牧民向非农产业转移，草地流转会加快，在草原可承载条件下的肉羊规模化程度会继续提升。在农区和半农半牧区，肉羊规模化养殖的趋势会增强，养殖场在羊场布局、设施配备建设、良种选择、投入品使用、卫生防疫等方面的标准化程度会取得一定进展。在国家政策的大力扶持下，在肉羊优势产区会出现更多肉羊产业集聚区，肉羊养殖、工业化饲草料生产、现代化肉羊屠宰加工、高效化市场营销和生产服务等一二三产业融合发展的格局将逐渐形成。但是，考虑到肉羊养殖成本的持续上涨，国家生态环保政策压力的不断加大，全球气候变暖背景下极端天气可能频发，加上重大疫病有暴发的可能，所以肉羊养殖规模扩大的空间较为有限，整体增速将放缓。

3.2 产业规模化程度将加速发展，小规模养殖户面临市场风险加大

近年来，我国肉羊产业规模化程度发展较快，加之新型经营主体不断发展，各类合作经营模式不断涌现，肉羊产业经营模式也日趋多样化。2020年，我国羊养殖综合规模化率已达到43.1%，较2019年提升了2.4个百分点，① 是"十三五"时期增长最为明显的一年。肉羊产业的规模化、标准化发展是市场需求引导下产业发展的必然趋势。主要原因在于：第一，规模户获取信息能力、生产效率以及抵御风险能力较小规模散养户高，目前国内羊肉市场价格波动较大，散户和小规模养殖户面临的市场风险进一步加大；第二，随着我国居民收入水平的提高和膳食结构的调整，消费者对肉制品品质的要求日益提高，尤其是对一些品牌化产品的购买意愿有所增强（张传统和陆娟，2014；谢敏，2017），而散户或小规模户生产经营较为传统粗放，产品品质短时间内难以提升，所以其产品在市场上的竞争力将减弱，获利空间也将逐渐缩小；第三，国家对规模养殖的扶持力度加大，规模户的竞争优势进一步增强；第四，在环保政策约束下，环保、检疫验收不达标的散户或小规模户将逐渐退出市场，这也将在一定程度上推动我国肉羊产业的规模化发展并进一步提高产品质量。

3.3 进口羊肉总体增长，但羊肉出口规模或将进一步缩减

历年来中国羊肉的进口来源都较为稳定，也比较集中。作为我国最主要的两个羊肉进口来源国，新西兰和澳大利亚均与中国签订了自由贸

---

① 资料来源：《中国畜牧兽医统计年鉴2020》。

易协定。根据中国—澳大利亚自由贸易协定以及中国—新西兰自由贸易协定，2016 年我国从新西兰进口羊肉的关税已经降为 0，2021 年澳大利亚进口羊肉关税降为 0，澳大利亚、新西兰两国进口羊肉的价格优势进一步增强，我国羊肉进口规模将有所扩大，可以弥补一部分国内羊肉市场供给的不足。但是，受降水等气候条件的制约，澳大利亚、新西兰两国本国的羊肉产量增长受限。此外，虽然国内消费者对进口羊肉有一定的偏好，但是"冻肉化鲜"与新鲜肉口感差异较大，进口羊肉无法真正替代国内新鲜羊肉。所以预计"十四五"时期我国羊肉进口规模稳中有增，但易受国内外政治环境以及疫情全球流行等不确定因素的影响。

从羊肉出口看，中国虽是羊肉生产和消费的大国，但自给能力不足，更多依赖进口。我国羊肉出口规模比较小，产品比较单一，以山羊肉为主，而且羊肉出口的主要贸易对象并非世界主要的羊肉消费国家（地区），出口市场较为局限。我国羊肉在价格和成本上具有绝对优势，但是在质量、生产技术等非价格因素方面处于劣势。所以总体而言，预计"十四五"时期我国羊肉出口量将不会发生较大变动，可能会有所下降。

3.4　羊肉消费量缓慢增加，消费需求将不断升级

预计"十四五"时期，我国羊肉消费量将进一步增长，但增长较缓。原因有四点。第一，羊肉具有正向收入弹性，"十四五"时期我国居民收入水平将保持增速，居民人均羊肉消费数量也随之增加。加之消费渠道和模式多样化，居民在外就餐食用羊肉的比例将进一步提升。虽然近年来羊肉价位保持高位运行，在一定程度上抑制了羊肉消费，但随着产能的持续提升，之后羊肉价格将有所下降，人均羊肉需求量有增长潜力。第二，未来我国人口总量将进一步增加，城市化率不断提高，加之城市居民在肉类消费上可能对农村居民会起到"示范效应"进而提高农村居民的羊肉消费水平。第三，随着消费者消费理念不断升级，消费者对于

绿色、有机、无污染、可溯源羊肉的需求将有更大增长，他们更加追求更优质的产品、更专业的服务以及创新的生活方式。由于产品市场进一步细分，高端羊肉市场发展较快，消费者对高品质羊肉产品的需求将进一步得到满足。冷链物流技术的突破发展也使得国内生鲜羊肉产品的运输能力显著提升，运输成本相应下降。生鲜电商、超市羊肉产品专柜、社区专卖店等迅速发展，羊肉线下线上产品销售渠道逐渐多元化。第四，我国居民的肉类消费以猪肉和禽肉为主，且近年来禽肉增长较快，而牛羊肉消费的偏好相对稳定。当前非洲猪瘟带来的负面影响已经基本消散，猪肉市场供给已经恢复正常，羊肉消费的替代作用减弱，所以消费总量增长不会太快，且消费比重将保持在一个较为稳定的水平。

3.5　羊肉价格继续波动，但仍保持相对高位

由于国内羊肉市场供需趋紧的状态在短期内无法发生根本性改变，所以在猪肉价格整体回落的情况下，预计羊肉价格也将会回落到一个相对较高的点。虽然 2014 年我国羊肉价格开始下降，2015 年和 2016 年羊肉市场持续低迷，养殖场户的利润下降幅度很大，很多养殖场户不堪亏损退出了肉羊养殖行业。但随着羊肉市场回暖，未来肉羊养殖场户面临的严峻形势将有所缓和，但也不会立即恢复到历史最高水平，未来羊肉价格会略有下降但总体还将保持高位运行。其主要原因有三点。第一，随着生态保护工作深入推进，畜牧业发展面临着养殖用地狭小、环保审批费用较高等压力，以及养殖环节投资大、成本高、风险大、利润少等新难题，受到养殖环节成本上涨以及极端天气和突发事件的影响，产业产能增长有限，羊肉价格上涨的空间依然存在。第二，消费者肉类消费偏好较为稳定，羊肉对于猪肉的替代效应在进一步减弱。随着生猪产能的不断恢复，猪肉价格不断下降，羊肉价格也会随之下降。第三，国际羊肉出口能力有限，进口羊肉对国内羊肉市场价格影响有限。虽然越来

越多质优价廉的澳大利亚、新西兰羊肉产品进入国内市场后会对国内羊肉价格造成一定的影响，但这些出口国的生产也受到本国的干旱等自然因素制约而产出有限，加之目前我国羊肉的自给率基本都在92%以上，所以进口羊肉对国内羊价的影响比较有限。

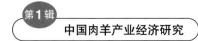

参 考 文 献

[1] 程广燕，刘珊珊，杨祯妮等. 中国肉类消费特征及2020年预测分析 [J]. 中国农村经济，2015 (2)：76-82.

[2] 樊慧丽，付文阁. 我国羊肉市场价格波动分析 [J]. 黑龙江畜牧兽医，2020 (10)：1-6.

[3] 胡雅淇，林海，李军. 中国城乡居民羊肉消费差异分析 [J]. 农业展望，2017，13 (1)：77-81.

[4] 刘程军，王周元晔，严淑闻等. 我国猪肉及其主要替代品价格波动的关联性 [J]. 江苏农业科学，2021，49 (7)：237-243.

[5] 闵师，白军飞，仇焕广等. 城市家庭在外肉类消费研究——基于全国六城市的家庭饮食消费调查 [J]. 农业经济问题，2014，35 (3)：90-95，112.

[6] 农业农村部政策与改革司. 2020年国家强农惠农富农政策措施选编 [J]. 农民文摘，2020 (5)：28-64.

[7] 王如玉，肖海峰. 我国肉羊产业链间的价格传导 [J]. 中国农业大学学报，2021，26 (5)：245-256.

[8] 谢敏. 地理标志农产品对品牌营销竞争力的影响——以四川省为例 [J]. 中国农业资源与区划，2017，38 (4)：207-213.

[9] 张传统，陆娟. 农产品区域品牌购买意愿影响因素研究 [J]. 软科学，2014，28 (10)：96-99，116.

世界肉羊产业生产贸易发展现状及展望*

摘要： 为了更好把握中国肉羊产业在世界范围的地位及中国羊肉产品的国际竞争力，本文从时间和空间两个角度概述世界主要肉羊生产国的羊存栏量、出栏量以及羊肉产量情况，并进一步分析羊肉产品主要进出口国的贸易情况。主要结论如下：肉羊养殖近年来呈现出向亚洲和非洲转移集中的趋势，全球羊只存栏量、出栏量和羊肉产量整体呈不断增长的态势，但各大洲以及代表性的生产大国和地区的发展变动存在较大差异；全球羊肉贸易规模总体保持较为稳定的增长，以绵羊肉为主，主要出口国为新西兰、澳大利亚、英国等，欧洲国家和沙特阿拉伯等国家为传统的绵羊肉进口大国，近年来中国羊肉进口量增长十分迅速。对标澳大利亚、新西兰等肉羊产业发达国家的发展历程，未来全球肉羊产业将继续在草场经营、科学饲喂、精深加工、市场流通、风险防范等方面追求规模化、产业化、信息化、生态化的高质量可持续发展。

关键词： 肉羊产业；世界；存出栏；进出口

1. 引言

中国是世界上最大的羊肉生产国，同时也是最大的进口国，自20世

---

* 本部分作者为邢泽蕾、潘丽莎和李春顶。

纪 90 年代以来,中国绵羊、山羊的存出栏量以及羊肉产量均居世界第一位,在全球肉羊产业发展中占有举足轻重的地位。本文主要概述全球主要肉羊生产国生产情况以及羊肉产品主要贸易国贸易情况,重点对其发展趋势进行系统总结,并对比国内外肉羊产业发展差异,为进一步提升中国肉羊产业竞争力,促进产业持续健康发展提供一定的借鉴参考。

2. 世界主要肉羊生产国生产情况

羊的养殖在世界范围分布比较广泛。由于山羊和绵羊品种分布和生活习性的不同,其在全球各国的养殖区分布也存在一定差异。其中,绵羊饲养主要集中在亚洲、大洋洲、欧洲以及非洲等地区,但近年来欧洲、大洋洲和美洲的绵羊存出栏量有所下降,而且有向亚洲和非洲转移的趋势。与绵羊饲养相比,山羊饲养地区较为集中,主要在亚洲和非洲的部分国家。从发展趋势来看,全球羊只存栏量、出栏量和羊肉产量均呈现不断增长的态势,各大洲以及代表性的生产大国和地区的发展变动存在较大差异。

2.1 主要生产国羊存出栏量情况

从存栏量看,2000~2020 年,全球山羊存栏量从 7.6 亿只增长至 11.3 亿只,绵羊存栏量从 10.7 亿只增长至 12.6 亿只,分别增长了 48.7% 和 18.5%,年均增长率分别达到 2.0% 和 0.9%,可见山羊存栏量的增长速度远高于绵羊。从出栏量看,2000~2020 年,山羊出栏量从 3.1 亿只增长至 5.0 亿只,绵羊出栏量从 4.9 亿只增长至 5.9 亿只,分别增长了 58.1% 和 20.1% ，年均增长率分别为 2.3% 和 0.9% ，① 可见全球山羊的出栏量年均增长速度比存栏量速度高 0.3 个百分点，绵羊的出栏量年均增长速度与存栏量相同，且全球山羊和绵羊的存出栏量逐步接近（见图 1）。

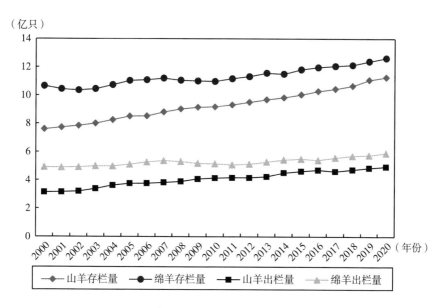

（亿只）

图 1　2000～2020 年全球羊存出栏量变动情况
资料来源：FAOSTAT（https://www.fao.org/faostat/en/#data）。

2.1.1　主要国家绵羊存出栏量情况

全球饲养绵羊的国家主要集中于东亚、南亚、中东、大洋洲、非洲等地区。自 20 世纪 90 年代以来，中国、澳大利亚、印度占据了全球绵羊存栏数量前三的位置，其中，中国自 1998 年以来就一直是绵羊存栏最多的国家。近十年来，尼日利亚和伊朗的排名也较为靠前（见表 1）。2020

---

① 资料来源：若无特殊说明，本文所用数据均来源于 FAOSTAT（https://www.fao.org/faostat/en/#data）。

年，绵羊存栏量排名前十国家的存栏量占据了全球 47.2% 的绵羊存栏总量。

表 1　　　　　2000～2020 年全球绵羊存栏量排名前十国家变动情况

排名	2000 年	2005 年	2010 年	2015 年	2020 年
1	中国	中国	中国	中国	中国
2	澳大利亚	澳大利亚	澳大利亚	澳大利亚	印度
3	印度	印度	印度	印度	澳大利亚
4	伊朗	伊朗	前苏丹	伊朗	尼日利亚
5	前苏丹	前苏丹	伊朗	尼日利亚	伊朗
6	英国	新西兰	尼日利亚	苏丹	埃塞俄比亚
7	新西兰	英国	新西兰	英国	土耳其
8	土耳其	尼日利亚	英国	土耳其	苏丹
9	南非	南非	巴基斯坦	巴基斯坦	乍得
10	尼日利亚	土耳其	埃塞俄比亚	新西兰	英国

注：前苏丹为 2011 年之前的苏丹共和国（包括现在的苏丹和南苏丹）。

资料来源：FAOSTAT（https://www.fao.org/faostat/en/#data）。

中国作为目前全球绵羊存栏量最大的国家，一直保持着较大的规模且呈稳步上涨的态势。2000～2020 年，中国绵羊存栏量占全球绵羊总存栏量的比重从 12.3% 增加到 13.7%。同时，中国绵羊存栏量远高于全球绵羊存栏量排名第二和排名第三的印度和澳大利亚。2020 年中国绵羊存栏量是印度的 2.5 倍，是澳大利亚的 2.7 倍。而澳大利亚作为全球羊肉生产大国，其绵羊存栏量近年来在不断减少，从 2000 年的 1.2 亿只减少到 2020 年的 0.6 亿只，降幅高达 46.4%，并在 2018 年被印度超过，成为全球绵羊存栏量第三的国家。此外，尼日利亚绵羊存栏量保持平稳上升的态势，而伊朗绵羊存栏量也有所回升，与全球绵羊存栏量第四名的尼日利亚差距逐渐缩小（见图 2）。

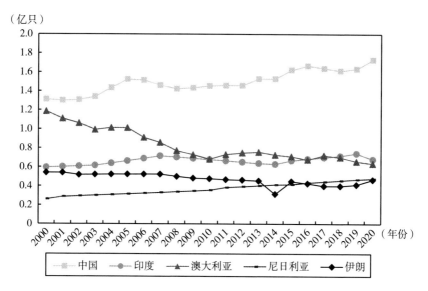

图2 2000~2020年绵羊养殖主要国家存栏量变动情况

资料来源：FAOSTAT（https://www.fao.org/faostat/en/#data）。

与存栏情况类似，自21世纪以来中国一直都是全球绵羊出栏量最多的国家。近二十年来，在绵羊出栏量排名前十的国家中，印度、尼日利亚和阿尔及利亚的排名有所上升，土耳其等国家的排名有所下降（见表2）。2020年，排名前十国家的绵羊出栏量占全球绵羊总出栏量的58.5%。

表2　　　　　　　　2000~2020年全球绵羊出栏量排名前十国家变动情况

排名	2000年	2005年	2010年	2015年	2020年
1	中国	中国	中国	中国	中国
2	澳大利亚	新西兰	澳大利亚	澳大利亚	澳大利亚
3	新西兰	澳大利亚	前苏丹	新西兰	新西兰
4	西班牙	前苏丹	新西兰	土耳其	印度
5	土耳其	印度	印度	印度	尼日利亚
6	伊朗	西班牙	尼日利亚	尼日利亚	阿尔及利亚
7	印度	伊朗	土耳其	阿尔及利亚	苏丹
8	英国	土耳其	英国	苏丹	巴基斯坦
9	前苏丹	英国	阿尔及利亚	英国	英国
10	尼日利亚	尼日利亚	西班牙	巴基斯坦	埃塞俄比亚

注：前苏丹为2011年之前的苏丹共和国（包括现在的苏丹和南苏丹）。

资料来源：FAOSTAT（https://www.fao.org/faostat/en/#data）。

作为全球绵羊出栏量最大的国家，2020 年中国绵羊出栏量占全球绵羊总出栏量的 30.0%，远高于全球出栏量排名第二的澳大利亚，是澳大利亚的 6.2 倍。虽然澳大利亚和新西兰是世界范围内的羊肉生产和出口大国，但近年来其绵羊出栏量表现为波动式下降，尤其是新西兰下降趋势明显。2000 ~ 2020 年，新西兰绵羊出栏量从 0.3 亿只减少为 0.2 亿只，降幅达 28.0%，其全球占有率也从 6.2% 下降至 3.9%。相对而言，印度的绵羊出栏量总体变化不大，基本保持在 0.2 亿只左右，而土耳其的绵羊出栏量在 2020 年出现严重下滑，尼日利亚则成为全球第五大绵羊出栏量国家（见图 3）。

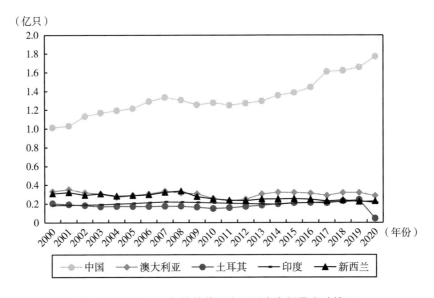

图 3　2000 ~ 2020 年绵羊养殖主要国家出栏量变动情况
资料来源：FAOSTAT（https://www.fao.org/faostat/en/#data）。

2.1.2　主要国家山羊存出栏量情况

山羊饲养主要集中在东亚、南亚以及非洲等地区。自 20 世纪 90 年代以来，中国、印度、巴基斯坦和尼日利亚占据了全球山羊存栏数量前四位，其中印度和尼日利亚山羊存栏量排名均有所提升。目前，印度已成为全球山羊存栏最多的国家（见表3）。2020年，排名前十国家的山羊存栏量占据了全球61.6%的山羊存栏总量。

表3　　　　　　2000～2020年全球山羊存栏量排名前十国家变动情况

排名	2000年	2005年	2010年	2015年	2020年
1	中国	中国	中国	中国	印度
2	印度	印度	印度	印度	中国
3	巴基斯坦	巴基斯坦	巴基斯坦	尼日利亚	尼日利亚
4	尼日利亚	尼日利亚	尼日利亚	巴基斯坦	巴基斯坦
5	前苏丹	前苏丹	孟加拉国	孟加拉国	孟加拉国
6	孟加拉国	孟加拉国	前苏丹	苏丹	埃塞俄比亚
7	伊朗	伊朗	肯尼亚	乍得	乍得
8	印度尼西亚	乍得	埃塞俄比亚	埃塞俄比亚	肯尼亚
9	乍得	埃塞俄比亚	乍得	肯尼亚	苏丹
10	索马里	索马里	伊朗	蒙古国	索马里

注：前苏丹为2011年之前的苏丹共和国（包括现在的苏丹和南苏丹）。
资料来源：FAOSTAT（https://www.fao.org/faostat/en/#data）。

中国和印度山羊存栏量一直保持高位，远高于排名第三的尼日利亚。2000～2020年，中国山羊存栏量总体呈现波动下降的趋势，但仍然是排名第三的尼日利亚的1.6倍。而印度山羊存栏量总体呈现波动上升的趋势，从2000年的1.2亿只增加到2020年的1.5亿只，增长了20.5%，是尼日利亚的1.8倍。2017年，印度山羊存栏量超过中国，成为全球山羊存栏量最大的国家，且与中国的差距不断拉大。巴基斯坦近十年来的山羊存栏量增长较为缓慢，已经跌出山羊存栏量前三的位置，而尼日利亚近十年来山羊存栏量增长较为迅速，于2011年超过巴基斯坦成为全球山羊存栏量第三的国家（见图4）。

自21世纪以来，中国、印度、巴基斯坦、孟加拉国和尼日利亚的山羊出栏量基本占据全球出栏量的前五位，其中，中国始终占据全球山羊出栏量的第一位。近十年来，巴基斯坦和乍得在山羊出栏量排名中的位次有所上升，尼日利亚、苏丹等国家的排名相对稳定（见表4）。2020年，排名前十国家的山羊出栏量占全球山羊出栏总量的74.3%。

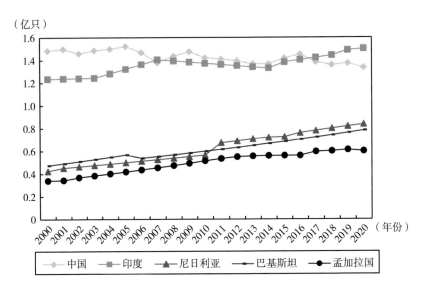

图4　2000～2020年山羊养殖主要国家存栏量变动情况

资料来源：FAOSTAT（https://www.fao.org/faostat/en/#data）。

表4　　　　　　　2000～2020年全球山羊出栏量排名前十国家变动情况

排名	2000 年	2005 年	2010 年	2015 年	2020 年
1	中国	中国	中国	中国	中国
2	印度	印度	印度	印度	印度
3	巴基斯坦	孟加拉国	孟加拉国	巴基斯坦	巴基斯坦
4	孟加拉国	巴基斯坦	尼日利亚	孟加拉国	孟加拉国
5	尼日利亚	尼日利亚	前苏丹	尼日利亚	尼日利亚
6	前苏丹	前苏丹	巴基斯坦	苏丹	埃塞俄比亚
7	伊朗	伊朗	埃塞俄比亚	埃塞俄比亚	苏丹
8	希腊	埃塞俄比亚	印度尼西亚	乍得	乍得
9	印度尼西亚	希腊	乍得	南苏丹	蒙古国
10	阿富汗	印度尼西亚	希腊	印度尼西亚	印度尼西亚

注：前苏丹为2011年之前的苏丹共和国（包括现在的苏丹和南苏丹）。

资料来源：FAOSTAT（https://www.fao.org/faostat/en/#data）。

2000～2020 年，中国的山羊出栏量在高位保持波动增长的态势，到 2020 年山羊出栏量占全球山羊出栏量的 30.7%，是排名第二的印度山羊出栏量的 2.7 倍。而印度山羊出栏量一直比较稳定，保持在 0.5 亿只左右。2014 年，巴基斯坦山羊出栏量大幅增加，从 2013 年的 0.2 亿只增长至 2014 年的 0.4 亿只，增幅高达 52.4%，从而一举跃升为全球山羊出栏量第三大国，此后与孟加拉国和尼日利亚山羊出栏量一样，保持相对平缓的增长态势（见图 5）。

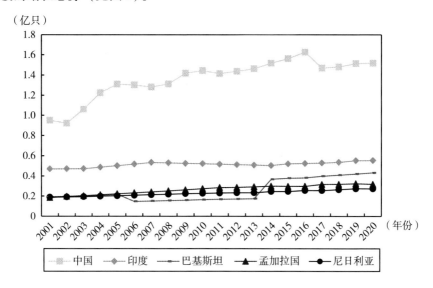

图 5　2001～2020 年山羊养殖主要国家出栏量变动情况
资料来源：FAOSTAT（https://www.fao.org/faostat/en/#data）。

2.2　主要生产国羊肉产量情况

与羊存出栏情况类似，羊肉生产在全球范围集中度较高，其中绵羊肉生产主要集中在亚洲、大洋洲、欧洲以及非洲，而山羊肉主要集中在亚洲和非洲的部分国家，但是近年来绵羊肉和山羊肉生产均呈现不断向亚洲和非洲转移和集中的趋势。

从全球羊肉产量看，2000~2020年全球羊肉产量持续上升。2020年，全球羊肉产量1602.8万吨，较2000年增长了38.2%；其中，绵羊肉产量为988.5万吨，占全球羊肉产量的61.7%，较2000年增长了28.1%；山羊肉产量614.2万吨，较2000年增长了58.3%（见图6），可见绵羊肉产量大于山羊肉产量，但山羊肉产量增长速度高于绵羊肉。

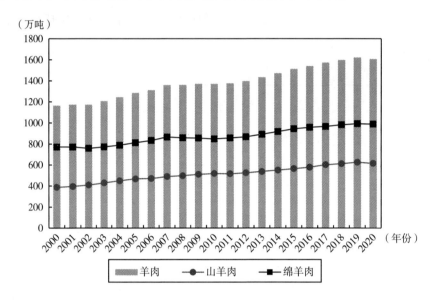

图6 2000~2020年全球羊肉产量变动情况

资料来源：FAOSTAT（https://www.fao.org/faostat/en/#data）。

2.2.1 主要国家绵羊肉产量情况

中国、澳大利亚、新西兰、苏丹、印度等国家是全球绵羊肉主要的出产地区，且自1998年以来中国一直保持全球绵羊肉产量第一的位置。2020年绵羊肉产量排名前三的国家分别为中国、澳大利亚和新西兰。近十年来，阿尔及利亚的排名有所上升，苏丹排名有所下降，英国和土耳其排名波动较大（见表5）。2020年，绵羊肉产量排名前十的国家产量占据了约58.7%的全球绵羊肉总产量。

表 5　　　　　　　2000～2020 年全球绵羊肉产量排名前十国家变动情况

排名	2000 年	2005 年	2010 年	2015 年	2020 年
1	中国	中国	中国	中国	中国
2	澳大利亚	澳大利亚	澳大利亚	澳大利亚	澳大利亚
3	新西兰	新西兰	新西兰	新西兰	新西兰
4	英国	英国	前苏丹	土耳其	阿尔及利亚
5	伊朗	伊朗	英国	伊朗	英国
6	土耳其	前苏丹	伊朗	阿尔及利亚	印度
7	前苏丹	土耳其	印度	英国	伊朗
8	西班牙	印度	土耳其	苏丹	苏丹
9	印度	西班牙	阿尔及利亚	印度	巴基斯坦
10	叙利亚	叙利亚	尼日利亚	乌兹别克斯坦	蒙古国

注：前苏丹为 2011 年之前的苏丹共和国（包括现在的苏丹和南苏丹）。

资料来源：FAOSTAT（https://www.fao.org/faostat/en/#data）。

中国是全球绵羊肉第一大生产国家，其绵羊肉产量远高于排名第二的澳大利亚和排名第三的新西兰，2020 年中国绵羊肉产量是澳大利亚的 4.0 倍，是新西兰的 6.0 倍。2000～2020 年，中国绵羊肉产量总体呈现较为明显的上升趋势，其全球占比也在不断增加，从 17.5% 增长至 27.8%。澳大利亚是全球绵羊肉第二生产大国，2000～2020 年，绵羊肉产量不断波动，基本上占全球绵羊肉产量的 7% 左右。新西兰的绵羊肉产量近年来在不断下降，从 2000 年的 53.8 万吨跌至 2020 年的 45.8 万吨，跌幅为 14.9%，其全球占比从 7.0% 下降到 4.6%，但始终为全球第三大绵羊肉生产国。阿尔及利亚的绵羊肉产量总体保持较为缓慢的增长趋势，年均增长率为 3.7%，2020 年占全球绵羊肉总产量的 3.4%，土耳其 2020 年绵羊肉产量则较上年骤降 13.5%，跌出全球排名前 20（见图 7）。

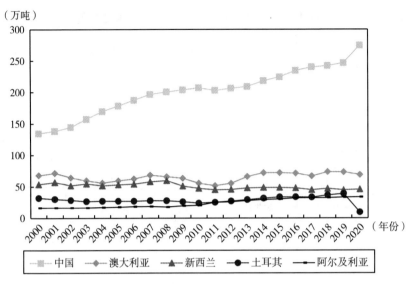

图7　2000～2020年绵羊生产主要国家绵羊肉产量变动情况

资料来源：FAOSTAT（https://www.fao.org/faostat/en/#data）。

2.2.2　主要国家山羊肉产量情况

20世纪90年代以来，中国、印度、尼日利亚、巴基斯坦、伊朗等国家占据了全球山羊肉产量前列的位置，且中国一直保持全球山羊肉产量第一的位置（见表6）。2020年山羊肉产量排名前三的国家分别是中国、印度和巴基斯坦，其中山羊肉总产量前十的国家产量占全球山羊肉总产量的73.3%。

表6　　2000～2020年全球山羊肉产量排名前十国家变动情况

排名	2000年	2005年	2010年	2015年	2020年
1	中国	中国	中国	中国	中国
2	印度	印度	印度	印度	印度
3	巴基斯坦	巴基斯坦	尼日利亚	巴基斯坦	巴基斯坦
4	尼日利亚	尼日利亚	巴基斯坦	尼日利亚	尼日利亚
5	孟加拉国	前苏丹	孟加拉国	孟加拉国	孟加拉国
6	前苏丹	孟加拉国	前苏丹	苏丹	埃塞俄比亚
7	伊朗	伊朗	伊朗	乍得	乍得

续表

排名	2000 年	2005 年	2010 年	2015 年	2020 年
8	希腊	希腊	乍得	蒙古国	蒙古国
9	土耳其	乍得	马里	埃塞俄比亚	苏丹
10	埃及	埃及	印度尼西亚	马里	缅甸

注: 前苏丹为 2011 年之前的苏丹共和国 (包括现在的苏丹和南苏丹)。

资料来源: FAOSTAT (https://www.fao.org/faostat/en/#data)。

近二十年来,中国山羊肉产量变动总体呈现较为明显的快速增长态势,总体增长了 77.8%,2020 年中国山羊肉产量占全球的比重为 37.6%,产量是排名第二的印度的 4.2 倍,是排名第三的巴基斯坦的 4.6 倍。印度是全球山羊肉生产第二大国,2000 ~ 2020 年,其山羊肉产量总体保持在 50 万吨左右,较为稳定。而巴基斯坦的山羊肉产量在 2006 年出现大幅下降,又在 2017 年大幅增加,但始终保持全球山羊肉产量的第三位。尼日利亚除了在 2011 年出现小幅的下降,其余年份均呈现较为平缓的增长态势,但与孟加拉国的差距逐渐缩小。2000 ~ 2020 年,孟加拉国一直保持全球山羊肉产量的第五位,其山羊肉产量为 23 万吨左右,占全球山羊肉产量的 3% 以上 (见图 8)。

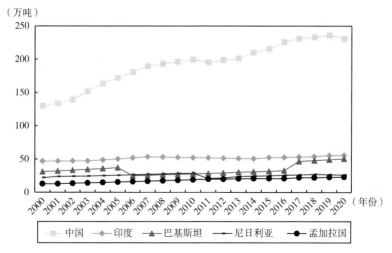

图 8　2000 ~ 2020 年山羊生产主要国家山羊肉产量变动情况

资料来源: FAOSTAT (https://www.fao.org/faostat/en/#data)。

综上所述，从全球羊存出栏量来看，绵羊的存出栏量始终保持在山羊的 1 倍以上，2020 年在新冠疫情冲击影响下，绵羊、山羊出栏量较 2019 年均有所下降，主要原因在于澳大利亚、土耳其绵羊出栏量的下降。从全球羊肉的生产情况来看，2000～2019 年全球羊肉产量持续上升后，2020 年小幅回落，而 2020 年中国绵羊肉产量较 2019 年上涨 11.3%，进一步拉大了与世界其他各国羊肉产量的差距，但是这种差距是疫情冲击下的暂时性表现。

3. 世界主要羊肉贸易国贸易情况

羊肉产品的进出口贸易格局相对比较集中，出口国主要分布在大洋洲、欧洲和部分非洲地区，进口国主要分布在亚洲、欧洲、美洲地区。近几十年来，世界羊肉进出口规模有所扩大，但在不同国家和地区之间差异较为明显。

3.1 主要出口国羊肉出口情况

自 1978 年以来，除 2011 年出现较大幅度的下降外，全球羊肉出口总量保持较为稳定的增长，2020 年达到 119.5 万吨，增长了 53.9%。自 2016 年全球羊肉出口量稳步回升后，2020 年再次出现同比 8.7% 的下滑，可见全球疫情导致羊肉进出口贸易受阻。

全球羊肉出口以绵羊肉为主，2020 年绵羊肉出口量占羊肉出口总量的 96.0%，达 114.6 万吨。2001 年以前绵羊肉出口走势较为平缓，出口量都在 80 万～100 万吨波动，1978～2001 年绵羊肉出口量增长了 10.3%，而 2001 年之后绵羊肉出口量增长了 34.1%。从绵羊肉出口额来看，2020 年全球绵羊肉出口总额达 70.9 亿美元，虽然较 2019 年有所回落，但仍是

1978 年的 6.6 倍，其增长趋势要比出口量的增长明显很多。相比绵羊肉，全球山羊肉出口体量极小，起伏也不明显，但由于基数小，实际增长速度很快。从山羊肉出口数量来看，1978 年全球山羊肉出口总量仅为 1945 吨，2020 年已达到 4.9 万吨，增长了 24.2 倍，从 1985 年开始几乎呈直线上升，在 2014 年达到顶峰 7.0 万吨后波动下降，其中 2020 年同比下降 18.9%。从出口额来看，增长更为剧烈，2020 年山羊肉出口额为 3.0 亿美元，较 1978 年增长了 72.6 倍，较 2019 年同比下降 22.2%（见图 9）。

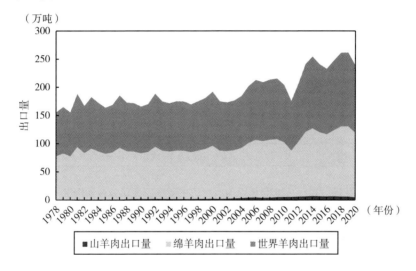

图 9　1978～2020 年全球羊肉出口量变动情况

资料来源：FAOSTAT（https://www.fao.org/faostat/en/#data）。

3.1.1　主要国家绵羊肉出口情况

绵羊肉出口国基本保持较为稳定的格局，新西兰、澳大利亚、英国、爱尔兰与西班牙一直占据出口国前五的位置，且新西兰、澳大利亚与英国出口的绝对数量远高于其他国家。2013 年，澳大利亚绵羊肉出口首次超过新西兰成为全球第一大羊肉出口国，此后两国出口量差额先增加后减少。2019 年，澳大利亚绵羊肉出口量为 49.5 万吨，占世界绵羊肉总出

口量的 39.6%，是新西兰绵羊肉出口量的 1.3 倍，是排名第三的英国的
5.2 倍。2020 年澳大利亚绵羊肉出口量同比下降 12.3%，其他国家绵羊
肉出口量相对平稳（见图 10）。

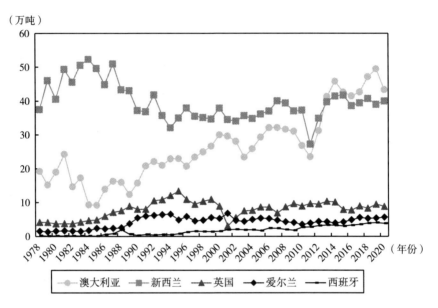

图 10　1978～2020 年绵羊肉出口主要国家出口量变动情况

资料来源：FAOSTAT（https://www.fao.org/faostat/en/#data）。

　　从绵羊肉出口额来看，2020 年澳大利亚出口受到冲击较大，澳大利
亚与新西兰再次基本持平，新西兰有望再次成为绵羊肉第一大出口国。
爱尔兰绵羊肉出口额自 2001 年后一直在英国之下，荷兰在 2011 年正式替
代西班牙成为全球绵羊肉出口额第五大国，目前几乎与排名第四的爱尔
兰持平。2020 年绵羊肉出口额排名前五的国家绵羊肉出口额占全球绵羊
肉出口总额的 88.4%（见图 11）。

　　从中国情况来看，近二十年来中国绵羊肉出口在 2001～2006 年逐年
上升，出口量达到峰值 2.9 万吨后开始下降，尽管 2010 年有小幅回升，
但整体仍保持下降趋势。2020 年，由于新冠疫情影响羊肉出口波动较为
剧烈，出口量不足 0.1 万吨。

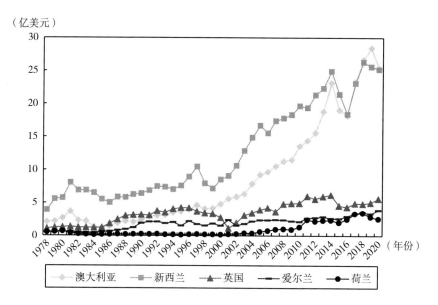

图 11　1978～2020 年绵羊肉出口主要国家出口额变动情况

资料来源：FAOSTAT（https://www.fao.org/faostat/en/#data）。

3.1.2　主要国家山羊肉出口情况

山羊肉的主要出口国为澳大利亚、埃塞俄比亚、肯尼亚、西班牙和法国等，2020 年澳大利亚和埃塞俄比亚山羊肉出口量保持下降趋势。澳大利亚山羊肉出口量在 2014 年达到峰值后一路呈较快下降趋势，2020 年同比下降 37.4%。埃塞俄比亚山羊肉出口量呈现平稳向下走势，2020 年同比下降 14.5%，依旧保持继澳大利亚之后的全球第二山羊肉出口国。肯尼亚自 2016 年后山羊肉出口量明显增长，2020 年依旧保持上升趋势，出口量达到 10.3 万吨，与澳大利亚、埃塞俄比亚出口量差距不断缩小（见图 12）。2020 年，澳大利亚、埃塞俄比亚和肯尼亚三国山羊肉出口量占全球山羊肉总出口量的 82.5%，世界山羊肉出口集中度进一步提高。

近十年来，山羊肉出口额排名前五的国家未发生变动，该五国山羊肉出口额占全球山羊出口总额的 82.3%，出口额与出口量集中度接近。近年澳大利亚山羊肉出口额波动幅度较大，2020 年出口额同比下降

39.0%，紧跟其后的埃塞俄比亚同比下降 11.6%。虽然 2020 年肯尼亚的山羊肉出口量表现为上涨，但其出口额表现为小幅下降。整体来看，山羊肉出口量与出口额变化趋势基本相同（见图 13）。

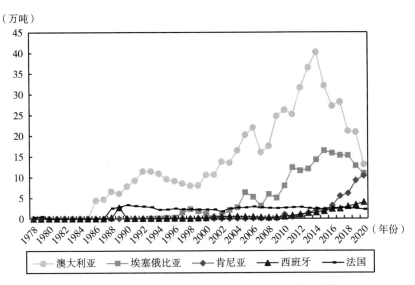

图 12　1978 ～ 2020 年山羊肉出口主要国家出口量变动情况

资料来源：FAOSTAT（https://www.fao.org/faostat/en/#data）。

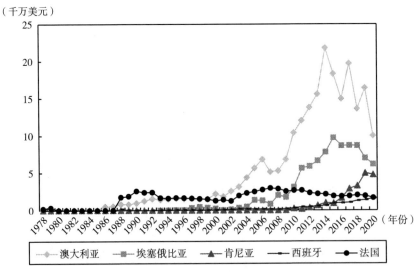

图 13　1978 ～ 2020 年山羊肉出口主要国家出口额变动情况

资料来源：FAOSTAT（https://www.fao.org/faostat/en/#data）。

从中国情况来看，近二十年来中国山羊肉出口在 2001 ~ 2007 年呈波动上升趋势，出口量达到峰值 0.9 万吨后开始下降，尽管 2010 年有小幅回升，但整体仍保持下降趋势。2020 年，由于新冠疫情影响羊肉出口波动非常剧烈，山羊肉出口量不足 0.1 万吨，出口额不足 0.1 亿美元。总体来看，我国山羊肉出口情况与绵羊肉相似。

3.2 主要进口国羊肉进口情况

3.2.1 绵羊肉进口情况

法国、英国、德国、比利时、美国、沙特阿拉伯等国家为传统的绵羊肉进口大国，近年来中国羊肉进口量增长十分迅速，已成为全球最主要的绵羊肉进口国。2010 ~ 2020 年，中国绵羊肉进口量几乎垂直上升，在世界绵羊肉进口总量中所占比重也从 10.9% 上升至 33.9%；而英国、法国的绵羊肉进口量整体呈现下降趋势，2020 年进口量分别较 2010 年下降了 41.6% 和 32.1%；阿联酋近两年绵羊肉进口量小幅回落，而美国则表现稳定增长（见图 14）。

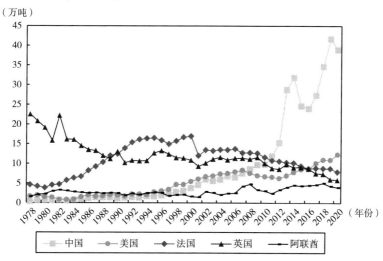

图 14 1978 ~ 2020 年绵羊肉进口主要国家进口量变动情况
资料来源：FAOSTAT（https://www.fao.org/faostat/en/#data）。

从进口额来看，2010 年之后，德国取代阿联酋成为第五大绵羊肉进口国，并且与英国、法国的进口额差距逐渐缩小，美国的绵羊肉进口额呈现较快增长，但与拥有巨大的消费市场的中国相比差距十分明显。无论从进口额还是进口量来看，绵羊肉进口的国家分布与全球羊肉进口总体情况差别不大。2020 年前五大绵羊肉进口国的进口总量占全球绵羊肉进口量的 60.1%，进口额占全球绵羊肉进口总额的 57.5%，说明全球绵羊肉进口分布的集中度较高（见图 15）。

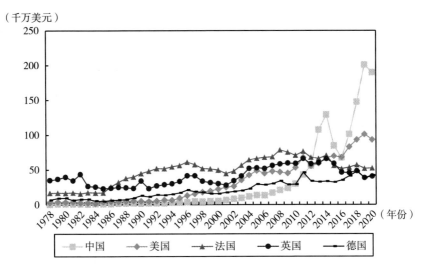

图15　1978～2020 年绵羊肉进口主要国家进口额变动情况
资料来源：FAOSTAT（https://www.fao.org/faostat/en/#data）。

3.2.2　山羊肉进口情况

山羊肉主要进口国为阿联酋、美国、中国和沙特阿拉伯。1978 年以来，山羊肉进口量在不同区域的变动情况差异较大，主要分为明显的增长和下降趋势。阿联酋和美国整体表现上升，两国进口量差额在 2020 年进一步拉大，主要原因在于美国进口量较 2019 年同比下降了 45.2%，阿联酋再次成为世界第一大山羊肉进口国，2020 年进口量为 1.4 万吨，较 2010 年增长了 1.2 倍，占当年世界总山羊肉进口量的 32.7%。中国和沙特阿拉伯的山羊肉进口量整体呈现先上升后下降趋势，2020 年两国进口量都出现了进一步下降，其中沙特阿拉伯同比下降 56.5%。整体来看，各国山羊肉进口量较绵羊肉进口量波动较大，尤其以美国和沙特阿拉伯两国起伏最为明显，山羊肉市场需求稳定性不高（见图 16）。

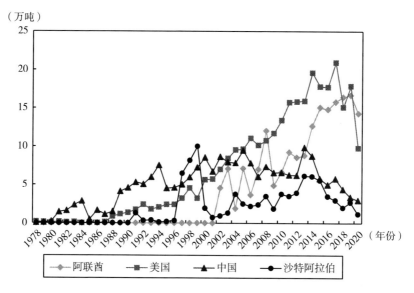

图 16　1978～2020 年山羊肉进口主要国家进口量变动情况

资料来源：FAOSTAT（https://www.fao.org/faostat/en/#data）。

进口额与进口量变动趋势吻合，全球前四大山羊肉进口额国家未发生变动，仍然为美国、阿联酋、中国和沙特阿拉伯。2020 年山羊肉前五大进口国的进口总量占全球山羊肉进口量的 66.9%，进口额占全球山羊肉进口额的 69.0%，也在一定程度上表明山羊肉进口集中度要高于绵羊肉（见图 17）。

综上所述，疫情冲击下 2020 年全球羊肉贸易受到较为明显影响，进出口贸易总额同比下降 6.5%，其中进口贸易总额下降 5.7%，出口贸易总额下降 7.3%。澳大利亚、新西兰作为主要的羊肉出口国，2020 年出口量和出口额同步小幅度下降，而中国作为全球最大的羊肉进口国，同样受到一定冲击，但整体来看，全球羊肉贸易较为稳定，整体波动幅度较小。

图 17　1978～2020 年山羊肉进口主要国家进口额变动情况

资料来源：FAOSTAT（https://www.fao.org/faostat/en/#data）。

4. 世界肉羊产业发展展望

　　20 世纪 80 年代中期以来，世界养羊业开始向多极化方向发展。法国、英国、新西兰、美国等国家将养羊业重点由毛用羊转向了肉用羊生产。羊肉生产的增加不仅表现在产量上，同时反映在生产结构上，国际上主要肉羊生产国都在大力发展肥羔生产，例如新西兰羔羊肉产量占羊肉总产量的 90% 以上。纵观澳大利亚、新西兰等肉羊产业发达国家，受制于土地资源、人工成本等要素的制约，其发展更加注重资源的集约化利用。因此，通过发展资本和技术密集型专业养殖场，提高机械化、规模化、标准化水平，促进全产业链布局，实现产业在空间上的集聚是肉羊产业发展大势所趋。

　　第一，重视肉羊品种改良，广泛应用自动化等先进科学技术。种业是畜牧业的核心竞争力所在，未来肉羊种业的发展关键仍在于提高育种关键核心技术研发和应用能力，持续开展核心群选育、胚胎移植、基因组检测等技术的推广和应用，开展高效智能化性能测定，提高遗传评估的支撑服务能力，构建遗传基因大数据库。提高肉羊饲养自动化水平和精细化管理水平，注重动物福利水平的提高；在土地翻耕、牧草播种、施肥、收割、青贮等各个环节实现了全过程的机械化，提高生产率，实现节本增效。第二，以天然草地为基础，发展可持续生态畜牧业。从战略需求、资源利用、经济效益等方面出发，加强优质牧草的培育，积极探索更为科学合理的草场管理方式和放牧制度，在提升草场水土肥力和草地载畜量的同时，发展适度规模养殖，提高牲畜产出率。第三，产业规模化、产业化、信息化程度进一步提高。产业化水平不断提高，肉羊品种繁育、饲料生产、育肥、加工、运输、流通、消费等一体化，全产业链逐步成熟，信息流、资金流、商品流畅通，有效分散经营风险。通过物联网技术对肉羊生产、屠宰加工、包装、运输和销售等环节进行监控，实现全程可追溯。第四，政府支持力度加大，产业社会化服务水平得到提升。政府公共部门从土地租赁、设施设备提供、技术推广和培训、疫病防治以及风险补偿、市场信息、经营管理、销售渠道等多方面为产业提供政策保障。行业协会、专业合作社和龙头企业等组织的引导作用进一步得到强化，社会化服务体系和畜牧业生产性服务体系日趋完善。第五，产品精深加工水平得到进一步提升。在养殖户、企业、协会、研究机构以及政府等的共同努力下，畜产品加工标准体系进一步完善，关键技术的研究及新工艺、新设备得到快速推广应用，畜产品附加值不断提高。

中国肉羊生产重心演变路径研究 *

摘要： 本文采用重心模型计算1990～2018年全国羊肉产量、羊出栏量、羊肉单产等指标重心，对比分析1990～2018年全国羊肉产量、羊出栏量、羊肉单产重心的演变路径、偏移轨迹及移动距离等。总体来看，1990～2003年，肉羊生产重心主要向东南、东北方向偏移；2004～2008年主要向东北、西北方向偏移；2009～2018年主要向西南、西北方向偏移。研究发现，在重心演变路径的变化上，羊肉产量与羊出栏量变化趋势基本一致，而由于各区域肉羊生产在技术、生产组织方式等方面存在明显的追赶学习效应，所以羊肉单产重心变化情况与前两者不同。羊出栏量重心年均移动距离最大，羊肉单产重心年均移动距离最小。重心波动剧烈程度由强至弱排序为羊肉单产、羊出栏量、羊肉产量。在政策上，国家产业政策对肉羊生产区域布局具有一定的影响，应不断优化肉羊生产区域布局政策，促进肉羊产业发展；在肉羊生产上，目前我国羊肉单产仍不够高，应加大肉羊优良品种选育力度，提高肉羊生产技术水平，以改善羊肉单产不高的情况；在肉羊生产重心由北向南移动的情况下，应适当扶持生产优势较强的南方地区，以减小北方地区的资源承载压力，缓解北方环境恶化问题，优化肉羊生产区域布局。

关键词： 演变路径；重心模型；羊肉产量；羊出栏量；羊肉单产

---

* 本部分作者为薛平和李军。

1. 引言

　　优化畜牧业生产区域布局是促进畜牧业产业结构调整的重要战略之一。肉羊产业作为节粮型畜牧业在提高农牧民收入、促进畜牧业生产结构调整、保障城乡居民肉类多元化供给具有重要的战略意义（夏晓平等，2011）。随着 2002 年国家"优化农业区域布局，加快建设优势农产品产业带"构想的提出，2003 年、2008 年肉羊优势区域布局规划等政策的相继出台，我国肉羊生产区域布局出现了一定程度的变化。在以上规划的推动下，我国肉羊产业进一步向自然条件优越、资源丰富、市场基础好的优势区域集中，产业空间集聚程度不断提高，肉羊产业竞争优势逐渐显现（李秉龙和李金亚，2012）。

　　现阶段，我国肉羊生产优势区域布局规划已经取得了一定的成果，肉羊产业发展较快，肉羊生产能力居世界第一位。1990 年以来，我国羊存出栏量及羊肉产量均呈现出不同程度的增长。1990～2018 年，羊存栏量由 21002.0 万只增长至 29713.5 万只，增长了 41.5%，年均增长率为 1.2%；羊出栏量由 8931.4 万只增长至 31010.5 万只，增长了 2.5 倍，年均增长率为 4.5%；羊肉产量由 106.8 万吨增长至 475.1 万吨，增长了 3.5 倍，年均增长率为 5.5%。[①] 但目前我国肉羊产业结构仍不完善，仍需进一步调整优化，以充分整合优势区域的自然、经济、社会资源，加快肉羊产业发展速度。因此，通过研究我国肉羊生产重心演变路径，有利于准确把握我国肉羊生产重心的演变方向和特点，对进一步优化我国肉羊生产区域布局、促进我国肉羊产业健康发展、提升我国肉羊产业国

---

　　① 资料来源：国家统计局—牲畜出栏、畜产品产量指标（https：//data. stats. gov. cn/easyquery. htm？cn = C01）。

际竞争力具有重要的现实意义。

2. 文献述评

目前，学术界对农业生产区域布局的研究相对丰富，国内学者的研究主要集中在农产品（陈秧分等，2016；何友和曾福生，2018）和畜禽产品（王欢和乔娟，2017）两个领域。对农产品领域生产区域布局的研究主要集中在粮食、蔬菜、水果等产业，如吕超等（2019）运用生产规模指数，选取马铃薯播种面积为指标，对马铃薯产业的生产区域布局变动特征进行了分析；对畜禽产品领域生产区域布局的研究主要集中在牛、鸡、猪等产业，如胡浩等（2005）通过产地集中度系数、综合比较优势指数，选取猪肉产量为指标，测算了各省份之间生猪生产的比较优势，进而分析了中国生猪产业区域布局变动的情况。国外学者对农业生产区域布局问题也进行了研究，如斯拉沃米尔等（Sławomir et al.，2013）对2007～2011年波兰马铃薯种子生产的区域分布进行了探讨与研究。拉鲁等（Larue S et al.，2009）研究了生猪养殖场的区域集聚对法国养猪场技术效率的影响，并通过实证分析得出了集聚对技术效率具有多方面影响的结论。

对于农业生产区域布局演变的研究方法，多数学者采用生产集中度指数、生产规模指数、国内资源成本法、综合比较优势指数、资源禀赋系数、重心模型等，并通过分析不同时期优势区域的集聚情况，分阶段地描述了农业生产区域布局的变动特征。如陈欢（2015）以生产规模指数和生产集中度指数为测算方法，选取玉米播种面积和产量为指标，对中国玉米生产布局的变化特征进行分析，通过分析得出中国玉米生产布局变动的主要趋势是生产重心明显向北移。也有部分学者利用产业生产重心转移特征对农业生产布局变动进行研究，如丁存振和肖海峰（2018）

运用重心模型，选取羊肉产量为测算指标，测算了肉羊生产区域布局的变迁，并指出我国肉羊产业在 1980～2014 年生产重心的移动方向、偏移距离及偏移速度；杨万江和陈文佳（2011）采用重心模型，选取水稻产量为测算指标，对中国水稻 1978～2009 年生产重心的演变过程进行了研究，并将水稻生产重心的演变轨迹分为三个阶段；孟立慧（2018）以 2006～2015 年粮食作物的总产量和种植面积的变化，对我国粮食生产重心的转移趋势进行了研究。

通过对前人研究成果的回顾可以发现，农业生产区域布局研究涉及的产业较多，而对肉羊产业生产区域布局的研究还不够丰富；对于农业生产区域布局演变特征的分析，学术界采用的测算指标大体相似，相对较少学者采用重心模型分析农业生产区域布局的演变特征，而采用重心模型对农业生产区域布局的研究中多数选取单一指标进行测算，缺乏多指标的对比分析。基于此，本文将以中国 29 个肉羊生产省（区、市）作为研究对象，运用重心模型，选取羊肉产量、羊出栏量、羊肉单产三个指标，对中国肉羊生产重心的演变路径进行研究，以明确我国肉羊生产重心的演变路径和偏移方向，为优化肉羊生产区域布局提供理论依据。

3. 研究方法和数据说明

3.1 研究方法

本文将选取羊肉产量、羊出栏量、羊肉单产三个指标，采用重心模型对我国肉羊生产重心的演变路径进行研究。重心这一概念最早被国外学者沃尔科（Walker）在 1874 年扩展应用到人口空间分布的研究之中，之后随着各学科的不断发展和交流，重心被应用到多个领域，包括环境问题的研究（乔健和吴青龙，2017）、经济重心的分析（涂建军等，2018）、农业生产区域布局的研究（王介勇和刘彦随，2009；聂雷等，2016）等。借鉴已有的研究成果，本文将重心模型引用到我国肉羊产业生产区域布局的研究之中。计算公式为：

$$X_j = \sum_{i=1}^{m} (z_{ij} \times x_i) / \sum_{i=1}^{m} z_{ij} \tag{1}$$

$$Y_j = \sum_{i=1}^{m} (z_{ij} \times y_i) / \sum_{i=1}^{m} z_{ij} \tag{2}$$

其中，X_j、Y_j 分别表示 j 年某个区域某一指标的重心坐标的经度值和纬度值；x_i、y_i 分别表示该区域第 i 个次级区域重心位置的经度值和纬度值；z_{ij} 表示 j 年第 i 个次级区域某一指标的量值。

可以通过不同时期肉羊生产的重心坐标计算出肉羊生产重心空间移动距离，具体公式为：

$$d_{(t+k)-t} = \lambda \times \sqrt{(x_{t+k} - x_t)^2 + (y_{t+k} - y_t)^2} \tag{3}$$

其中，$d_{(t+k)-t}$ 表示 $t - t + k$ 期重心移动距离，λ 为常数，取值为 111.11，为地球表面坐标单位（°）转化为平面距离（km）的系数（杨建仓等，2008）。

3.2 研究区域与数据说明

本文的研究区域包括北京、天津、河北、山西、内蒙古、辽宁、吉林、黑龙江、上海、江苏、浙江、安徽、福建、江西、山东、河南、湖北、湖南、广东、广西、四川、贵州、云南、西藏、陕西、甘肃、青海、宁夏、新疆共 29 个省（区、市），为保持统计口径相同，将重庆的数据计算在四川，将海南的数据计入广东。羊出栏量、存栏量、羊肉产量1990～2018 年数据均来自《中国农村统计年鉴》，各省（区、市）几何中心坐标为其行政中心的经纬度。

4. 研究结果分析

4.1 中国肉羊生产重心演变路径分析

4.1.1 羊肉产量重心演变路径分析

通过计算中国 29 个省（区、市）的 1990~2018 年羊肉产量统计数据，可以计算得出 1990~2018 年中国羊肉产量重心坐标（见表 1）。从表 1 可以看出 1990~2018 年我国羊肉产量重心分布在东经 $107°53'44''$ ~ $109°59'34''$ 和北纬 $36°23'54''$ ~ $37°42'05''$。

表 1　　　　　　　　　1990~2018 年中国羊肉产量重心坐标

年份	东经	北纬	年份	东经	北纬
1990	108°8′39″	37°7′55″	2005	108°59′31″	37°5′20″
1991	108°20′00″	37°15′18″	2006	108°45′45″	37°9′05″
1992	108°28′43″	37°12′17″	2007	107°53′44″	37°42′05″
1993	108°56′11″	36°57′01″	2008	108°50′21″	37°30′46″
1994	109°28′58″	36°45′52″	2009	109°6′11″	37°30′52″
1995	109°59′34″	36°32′46″	2010	108°53′52″	37°31′42″
1996	108°35′19″	36°34′59″	2011	108°52′10″	37°30′19″
1997	109°3′18″	36°39′08″	2012	108°49′09″	37°30′58″
1998	108°44′40″	36°27′49″	2013	108°43′13″	37°28′49″
1999	108°49′14″	36°27′36″	2014	108°40′31″	37°31′46″
2000	108°44′22″	36°26′33″	2015	108°35′03″	37°27′18″
2001	108°42′46″	36°26′57″	2016	108°33′31″	37°31′26″
2002	108°49′13″	36°23′54″	2017	108°27′54″	37°21′52″
2003	109°8′40″	36°35′38″	2018	108°25′01″	37°22′07″
2004	109°7′03″	36°54′01″			

资料来源：历年《中国农村统计年鉴》。

运用羊肉产量重心坐标可以得到羊肉产量历年重心演变路径（见图1）。从总体上看，1990～2018年羊肉产量重心演变波动性较大，移动过程中出现了1996年、2004年、2008年、2010年等重要拐点。从重心的空间分布集中情况来看，在1998～2002年和2008～2012年两个阶段分布较为集中，波动较为平稳。从重心演变的方向来看，1990～1995年，羊肉产量重心主要向东南方向移动，位移变化较大；1996～2003年，羊肉产量重心呈小幅度不规律波动，位移变化较小；2004～2007年，羊肉产量重心主要向西北方向波动，位移变化较大；2008～2018年，羊肉产量重心主要向西南方向波动，位移变化较小。

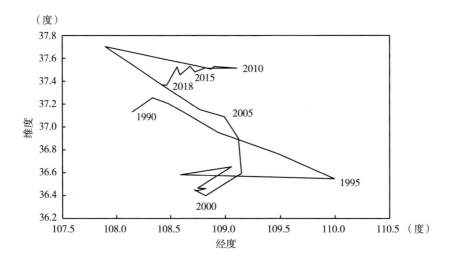

图1 1990～2018年羊肉产量重心历年演变路径

资料来源：历年《中国农村统计年鉴》。

4.1.2 羊出栏量重心演变路径分析

通过计算中国29个省（区、市）的1990～2018年羊出栏量统计数据，可以计算出1990～2018年中国羊出栏量重心坐标。从表2可以看出，1990～2018年我国羊出栏量重心分布在东经108°57′05″～111°40′33″和北纬36°10′51″～37°25′31″。

表 2   1990～2018 年羊出栏量重心坐标

年份	东经	北纬	年份	东经	北纬
1990	109°52′00″	36°47′40″	2005	110°33′15″	36°48′18″
1991	109°52′00″	36°53′52″	2006	109°17′18″	37°20′51″
1992	109°54′47″	36°48′45″	2007	109°26′22″	37°23′07″
1993	110°26′08″	36°37′48″	2008	109°40′02″	37°20′33″
1994	110°59′24″	36°22′20″	2009	109°50′29″	37°21′00″
1995	111°40′33″	36°10′51″	2010	109°38′28″	37°22′29″
1996	109°31′32″	36°26′42″	2011	109°35′29″	37°22′24″
1997	110°5′59″	36°31′17″	2012	109°32′11″	37°23′21″
1998	110°14′11″	36°23′22″	2013	109°27′00″	37°21′44″
1999	110°31′16″	36°17′37″	2014	109°27′00″	37°25′31″
2000	110°27′32″	36°14′14″	2015	109°19′58″	37°20′51″
2001	110°25′54″	36°14′32″	2016	109°18′03″	37°23′46″
2002	110°18′37″	36°12′23″	2017	109°0′00″	37°15′57″
2003	110°24′09″	36°23′55″	2018	108°57′05″	37°16′08″
2004	110°35′01″	36°39′21″			

资料来源：历年《中国农村统计年鉴》。

　　运用羊出栏量重心坐标可以得到羊出栏量重心历年演变路径（见图2）。从总体上看，1990～2018 年羊出栏量重心演变路径波动性较大，移动过程中出现了 1996 年、2002 年、2006 年、2010 年等重要拐点。从重心的空间分布集中情况来看，在 1999～2002 年和 2009～2016 年两个阶段分布较为集中，波动较为平稳。从重心演变的方向来看，1990～1995 年，羊出栏量重心主要向东南方向移动，位移变化较大；1996～1997，羊出栏量重心向东北方向移动，位移变化较小；1998～2001 年，羊出栏量重心总体向东南方向移动，但有小幅度波动，位移变化较小；2002～2005 年，羊出栏量重心主要向东北方向波动，位移变化较大；2006～2009 年，羊出栏量重心主要向东南方向波动，位移变化较大；2010～2018，羊出栏量主要向西南方向移动，位移变化较小。

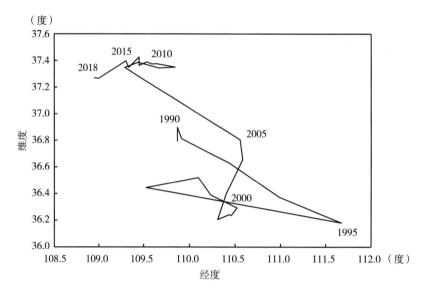

图2　1990～2018年羊出栏量重心历年演变路径

资料来源：历年《中国农村统计年鉴》。

4.1.3　羊肉单产重心演变路径分析

羊肉单产是由羊肉产量与羊出栏量计算得到的，因此通过对羊肉单产重心演变路径的分析，可以反映出羊肉产量与羊出栏量二者变化的综合结果（杨建仓等，2008），也可以在一定程度上看出羊出栏量变化给羊肉产量带来的影响，羊出栏量增加一定会带来羊肉产量的增加，但羊肉产量增加的幅度不一定与羊出栏量相同，这是因为羊肉单产在一定程度上受到自然资源条件、畜牧业技术水平、养殖户管理水平、生产模式、肉羊品种等因素的影响。通过中国29个省（区、市）1990～2018年羊肉产量、羊出栏量统计数据计算出1990～2018年羊肉单产，进而得出1990～2018年中国羊肉单产重心坐标（见表3）。从表3可以看出，1990～2018年我国羊肉单产重心分布在东经110°57′52″～112°1′46″和北纬33°43′13″～34°9′52″。

表3   1990～2018 年羊肉单产重心坐标

年份	东经	北纬	年份	东经	北纬
1990	111°4′27″	34°4′20″	2005	110°58′16″	34°4′02″
1991	111°18′56″	33°50′10″	2006	112°1′46″	33°43′13″
1992	111°30′07″	33°59′51″	2007	110°59′18″	34°9′06″
1993	111°15′35″	34°1′30″	2008	111°7′38″	34°6′05″
1994	111°21′36″	34°9′52″	2009	111°11′56″	34°4′30″
1995	111°16′31″	34°4′09″	2010	111°8′05″	34°4′57″
1996	111°21′34″	33°59′16″	2011	111°9′31″	34°4′24″
1997	111°12′52″	33°49′45″	2012	111°11′09″	34°5′21″
1998	110°58′49″	33°50′06″	2013	111°11′32″	34°4′25″
1999	110°57′52″	33°51′49″	2014	111°4′21″	34°6′07″
2000	110°59′06″	33°59′21″	2015	111°7′56″	34°4′47″
2001	111°3′46″	33°59′05″	2016	111°8′04″	34°4′14″
2002	111°7′15″	34°2′35″	2017	111°13′46″	34°6′33″
2003	111°9′39″	34°2′31″	2018	111°13′27″	34°3′57″
2004	111°1′04″	34°2′05″			

资料来源：历年《中国农村统计年鉴》。

　　运用羊肉单产重心坐标可以得到羊肉单产重心历年演变路径（见图3）。从总体上看，1990～2018 年羊肉单产重心演变路径呈不规律性波动，且重心移动方向呈现不规则变化，整体呈环形波动，重心移动方向主要集中在东北、东南、西南，重心坐标在 2009～2018 年分布较为集中。羊肉单产重心的不规则变化与羊肉产量和羊出栏量重心演变路径差异明显，这在一定程度上说明羊肉单产受其他因素影响较大。

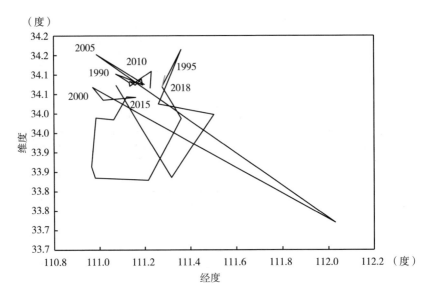

图3　1990～2018年羊肉单产重心历年演变路径

资料来源：历年《中国农村统计年鉴》。

4.2　羊肉产量、羊出栏量和羊肉单产重心演变对比

4.2.1　重心偏移轨迹对比

将羊肉产量、羊出栏量和羊肉单产重心经度历年的移动轨迹绘制在坐标轴中，得到三者重心的经度移动轨迹（见图4）。从总体上看，在经度变化上羊肉产量和羊出栏量重心演变路径呈现出大致相同的变化趋势，而羊肉单产重心演变路径变化趋势与二者有所不同，这也再次印证了羊肉单产的变化受到了其他外在因素的影响。从这三个指标重心变化的历程看，1990～1995年，羊肉产量和羊出栏量重心经度呈增长趋势，羊肉单产重心经度也有所增长但增长幅度不大，说明在这一阶段，东西部地区在羊肉产量和羊出栏量上差距不断增大，二者重心向东部偏移，而羊肉单产也在向东部偏移，但偏移幅度不大，这也说明在这一阶段，羊肉产量的变化主要受羊出栏量影响，而羊肉单产对其影响很小。1996～

1999 年，羊肉产量重心经度呈波动上升趋势，羊出栏量重心经度呈现较快上升趋势，但上升幅度较 1990～1995 年这一阶段有所减小，二者均向东部偏移，而羊肉单产重心经度呈下降趋势，向西部偏移，说明在这一阶段虽然东西部肉羊产业发展不平衡态势仍在扩大，但是扩大的速度有所放缓，且从整体上看，肉羊产业的发展相对比较稳定，羊出栏量对羊肉产量的贡献较大，而羊肉单产的贡献较小。2000～2003 年，羊肉产量和羊肉单产重心经度呈上升趋势，均向东偏移，而羊出栏量重心经度呈下降趋势，向西偏移。说明这一阶段羊肉单产对羊肉产量贡献较大，而羊出栏量贡献较小。2004～2007 年，羊肉产量和羊出栏量重心经度呈下降趋势，下降幅度较大，向西偏移，羊肉单产重心经度仅有 2006 年变化较大，其他年份波动不大。说明在这一阶段，我国肉羊生产重心方向发生改变，逐渐向西偏移，这可能与《肉牛肉羊优势区域发展规划（2003—2007）》的政策实施有关。2008～2018 年，羊肉产量和羊出栏量重心经度呈继续下降趋势，继续向西偏移，而羊肉单产重心经度呈现小幅度上升趋势，这可能与肉羊优势规划的进一步调整实施有关。

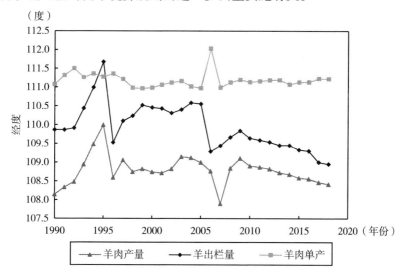

图 4　1990～2018 年肉羊生产在经度上的重心历年演变路径
资料来源：历年《中国农村统计年鉴》。

　　将羊肉产量、羊出栏量和羊肉单产重心的纬度历年的移动轨迹绘制在坐标轴中，得到三者重心的纬度移动轨迹（见图5）。在纬度方向上羊肉产量和羊出栏量重心纬度总体上呈先下降后上升然后小幅度下降的趋势，羊肉单产重心纬度变化趋势较为平稳。1990～2002年，羊肉产量和羊出栏量重心纬度呈下降趋势，羊肉单产重心纬度变化不大。说明在这一阶段，我国肉羊生产重心向南偏移，羊出栏量对羊肉产量的贡献较大，羊肉单产在南北方差异不大。2003～2007年，羊肉产量和羊出栏量重心纬度呈上升趋势，羊肉单产重心纬度虽然在2006年有所下降，但整体上呈小幅度上升趋势。说明在这一阶段，肉羊产业生产重心向北偏移，羊出栏量和羊肉单产都对羊肉产量有一定的贡献。2008～2018年，羊肉产量、羊出栏量和羊肉单产重心纬度均呈下降趋势，但下降幅度不大，这说明我国肉羊产业生产重心开始缓慢向南偏移。

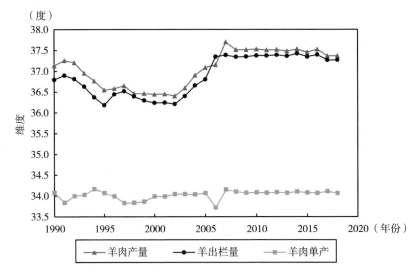

图5　1990～2018年肉羊生产在纬度上的重心历年演变路径
资料来源：历年《中国农村统计年鉴》。

4.2.2　重心移动距离对比

　　羊肉产量、羊出栏量和羊肉单产的重心移动距离及移动方位如表4

所示，为了更精准地观察肉羊生产重心移动距离的变化特征，通过 STA-TA 15.0 软件对羊肉产量、羊出栏量和羊肉单产的重心移动距离进行描述性统计分析。

从重心年均移动距离来看，羊肉产量重心年均移动距离为 35.21 千米，仅次于羊出栏量；羊出栏量重心年均移动距离为 36.54 千米，年均移动距离最大；羊肉单产重心年均移动距离为 20.63 千米，年均移动距离最小。从重心移动距离的最大值与最小值来看，羊肉产量重心移动距离最大值为 1995～1996 年的 156.07 千米，最小值为 2000～2001 年的 3.04 千米；羊出栏量重心移动距离最大值为 1995～1996 年的 240.70 千米，最小值为 2000～2001 年的 3.09 千米，重心移动距离变化幅度最大；羊肉单产重心移动距离最大值为 2006～2007 年的 125.21 千米，最小值为 2015～2016 年的 1.05 千米，重心移动距离变化幅度最小。从变异系数来看，从大到小依次为羊肉单产、羊出栏量、羊肉产量，这表明羊肉单产重心波动程度最剧烈，羊出栏量重心波动程度次之，而羊肉产量重心波动程度最小。

表4　　　　　　1991～2018 年羊肉羊生产的重心移动距离分析

年份	羊肉产量		羊出栏量		羊肉单产	
	移动距离（千米）	移动方位	移动距离（千米）	移动方位	移动距离（千米）	移动方位
1991	25.06	东北	11.45	东北	37.5	东南
1992	17.06	东南	10.77	东南	27.39	东北
1993	58.19	东南	61.48	东南	27.09	西北
1994	64.15	东南	67.93	东南	19.09	东北
1995	61.63	东南	79.12	东南	14.17	西南
1996	156.07	西北	240.7	西北	13.01	东南
1997	52.38	东北	64.37	东北	23.88	西南
1998	40.37	西南	21.1	东南	26.05	西北
1999	8.49	东南	33.37	东南	3.64	西北
2000	9.24	西南	9.34	西南	14.11	东北
2001	3.04	西北	3.09	西北	8.65	东南

续表

年份	羊肉产量		羊出栏量		羊肉单产	
	移动距离（千米）	移动方位	移动距离（千米）	移动方位	移动距离（千米）	移动方位
2002	13.21	东南	14.04	西南	9.16	东北
2003	42.08	东北	23.67	东北	4.46	东南
2004	34.15	西北	34.96	东北	15.93	东北
2005	25.18	西北	16.89	西北	6.31	西北
2006	26.41	西北	153.01	西北	123.74	东南
2007	114.09	西北	17.31	东北	125.21	西北
2008	106.93	东南	25.73	东南	16.41	东南
2009	29.33	东北	19.38	东北	8.49	东南
2010	22.87	西北	22.43	西北	7.18	西北
2011	4.04	西南	5.53	西南	2.86	东南
2012	5.72	西北	6.35	西北	3.49	东北
2013	11.68	西南	10.05	西南	1.85	东南
2014	7.41	西北	7	西北	13.65	西北
2015	13.08	西南	15.62	西南	7.06	东南
2016	8.16	西北	6.45	西北	1.05	东南
2017	20.52	西南	36.42	西南	11.38	东北
2018	5.33	西北	5.43	西北	4.83	西南
样本量	28	—	28	—	28	—
均值	35.21	—	36.54	—	20.63	—
标准差	37.32	—	51.15	—	30.69	—
最小值	3.04	—	3.09	—	1.05	—
最大值	156.07	—	240.70	—	125.21	—
变异系数	1.06	—	1.40	—	1.49	—

资料来源：历年《中国农村统计年鉴》。

5. 结论与讨论

5.1　结论

（1）本文通过分析1990～2018年羊肉产量、羊出栏量、羊肉单产三个指标重心演变特征，发现我国肉羊生产重心在 1990～2003 年，主要向东南、东北方向偏移；2004～2008 年主要向东北、西北方向偏移，而在 2009～2018 年肉羊生产重心主要向西南、西北方向偏移。2003 年、2008 年是我国肉羊产业生产重心转移方向发生改变的重要节点，这说明，2003 年、2008 年提出的肉羊产业优势区域布局规划对肉羊生产重心移动具有重要的影响，这也证明我国肉羊产业的发展在一定程度上受到国家政策的影响。

（2）通过对比三个指标重心演变轨迹，可以得出羊肉产量与羊出栏量重心演变路径的变化趋势基本一致，而羊肉单产重心变化情况与二者不同，且羊肉单产重心演变路径呈现不规则变化。具体来说，从重心经度的变化来看，羊肉产量和羊出栏量波动幅度较大，而羊肉单产波动较小，这说明，在自然条件、饲养成本、市场、经济发展水平及政策等因素的影响下，不同年份不同地区的肉羊养殖情况会发生较大变化，进而导致羊肉产量与羊出栏量发生变化，而羊肉单产主要受生产技术、生产组织模式以及肉羊品种的影响，在短时间内不会发生较大变化，因此波动幅度较小，较为稳定。从重心纬度的变化来看，我国肉羊产业生产重心呈现由北向南的偏移趋势，这说明，作为主产区的北方地区肉羊生产优势下降，而南方地区的生产优势进一步增加，因此，可通过适当扶持生产优势较强的南方地区，来减少北方的资源承载压力，缓解北方环境恶化的问题。从三者重心经纬度的对比来看，羊肉单产对羊肉产量的增长贡献较小，羊肉产量的增长较多的依赖于羊出栏量的增长，因此，应加大肉羊优良品种选育力度，提高肉羊生产技术水平，以增加肉羊单产。

（3）在重心年均移动距离对比上，羊出栏量重心年均移动距离最大，羊肉单产重心年均移动距离最小，而羊肉产量重心年均移动距离略小于羊出栏量。这也再次印证了各地区的羊肉产量和羊出栏量在其他因素影响下变化较大，而羊肉单产在受其他影响下短期变化较小这一结论。重心波动剧烈程度由强至弱的排序为羊肉单产、羊出栏量、羊肉产量。

5.2 讨论

（1）已有对肉羊生产区域重心演变路径的研究多是关注于用羊肉产量这一单一指标测算肉羊生产重心，而且对肉羊各阶段生产重心演变路径的划分过于粗略，以较长时间段来划分肉羊生产重心演变路径，不能准确地将肉羊生产重心演变路径描述出来（丁存振和肖海峰，2018）。而本文在已有研究的基础上，选用了羊肉产量、羊出栏量、羊肉单产三个相互影响的指标，对肉羊生产重心进行了多维度的测算，结果较为可靠，而且对肉羊生产重心演变路径的划分更为具体，符合肉羊生产重心的实际变化轨迹。

（2）本文通过对比羊肉产量、羊出栏量、羊肉单产三个指标的重心演变路径发现，羊肉产量与羊出栏量重心演变路径的变化趋势基本保持一致，这也在一定程度上增强了本文研究结论的可靠性。而羊肉单产的重心演变路径与前两者差异较大，羊肉单产重心呈环形波动，这在一定程度上反映出各区域肉羊生产在养殖技术、养殖管理方式等方面有明显追赶学习效应（杨建仓等，2008）。

（3）本文的研究重点为我国肉羊生产重心演变路径，对于驱动肉羊生产重心发生变化的内在机制以及影响因素的探讨将在后续的研究中进行，以完善对肉羊产业生产布局的研究。

参 考 文 献

[1] 陈欢，王全忠，周宏. 中国玉米生产布局的变迁分析 [J]. 经济地理，2015（8）：165－171.

[2] 陈秧分，王国刚，王丽娟. 农户生产决策视角下我国粮食生产格局变化机制 [J]. 经济地理，2016，36（7）：139－145.

［3］丁存振，肖海峰．中国肉羊产业时空演变的特征分析［J］．华中农业大学学报（社会科学版），2018（1）：58－64.

［4］冯宗宪，黄建山．1978～2003年中国经济与产业重心的动态轨迹及其对比研究［J］．经济地理，2006（2）：249－254.

［5］何友，曾福生．中国粮食生产与消费的区域格局演变［J］．中国农业资源与区划，2018，39（3）：1－8.

［6］胡浩，张锋，黄延珺等．中国猪肉生产的区域性布局及发展趋势分析［J］．中国畜牧杂志，2009，45（20）：43－47.

［7］李秉龙，李金亚．我国肉羊产业的区域化布局、规模化经营与标准化生产［J］．中国畜牧杂志，2012，48（2）：56－58.

［8］吕超，孙国锋．中国马铃薯生产区域布局的时空特征与驱动机制研究——基于主产区的面板数据的分析［J］．中国农业资源与区划，2019，40（6）.

［9］孟立慧．我国粮食生产重心转移趋势及优化研究［J］．中国农业资源与区划，2018，39（8）：23－29.

［10］聂雷，郭忠兴，汪险生等．我国主要粮食作物生产重心演变分析［J］．农业现代化研究，2015，36（3）：380－386.

［11］乔健，吴青龙．中国碳排放强度重心演变及驱动因素分析［J］．经济问题，2017（8）.

［12］涂建军，刘莉，张跃等．1996～2015年我国经济重心的时空演变轨迹——基于291个地级市数据［J］．经济地理，2018，38（2）：18－26.

［13］王欢，乔娟．中国生猪生产布局变迁的经济学分析［J］．经济地理，2017（8）.

［14］王介勇，刘彦随．1990年至2005年中国粮食产量重心演进格局及其驱动机制［J］．资源科学，2009，31（7）：1188－1194.

［15］夏晓平，李秉龙，隋艳颖．中国肉羊生产空间布局变动的实证分析［J］．华南农业大学学报（社会科学版），2011，10（2）：109－117.

[16] 杨建仓，雷水玲，王戈. 小麦生产的重心演变路径及偏移分析 [J]. 中国农学通报，2008 (8).

[17] 杨万江，陈文佳. 中国水稻生产空间布局变迁及影响因素分析 [J]. 经济地理，2011, 31 (12).

[18] Larue S, Latruffe L, Larue S, et al. Agglomeration Externalities and Technical Efficiency in Pig Production [J]. Working Papers SMART – LERECO, 2009.

[19] Sławomir Wróbel, Adam Wąsik. Seed Potato Production in Poland [J]. American Journal of Potato Research, 2013, 91 (3).

[20] Walker F A. Statistical atlas of the United State based on the results of the Ninth Census 1870 [M]. New York：I. Bien, 1874.

中国肉羊产业全要素生产率测算分析（2010~2021）*

摘要： 基于 2009~2022 年《全国农产品成本收益资料汇编》统计数据，本文采用索洛余值法及随机前沿法对全要素生产率及生产技术效率进行测算并从时间和空间两个维度进行了对比分析，在此基础上讨论了生产技术效率的影响因素。结果表明，近十年来我国肉羊全要素生产率（TFP）处于波动状态，虽近两年内受突发事件冲击导致生产技术效率有所下降，但总体呈上升趋势；各主产省（区）间的技术效率和规模效率存在一定差异，其中河北和黑龙江肉羊产业的生产要素配置更有效率。此外，仔畜和劳动力投入对生产效率有显著的正向影响。未来应该继续从提高规模化程度、提升科学化养殖水平、完善生产技术服务体系等角度稳步推动肉羊产业高质量发展。

关键词： 肉羊产业；全要素生产率；索罗余值；随机前沿法

1. 引言

随着居民收入水平的提高和膳食结构的逐渐优化，羊肉作为主要的"菜篮子"产品在居民肉类消费中占据重要地位。近十年来，在羊肉消费需求的拉动下，中国肉羊产业发展迅速，已经成为农牧民增收的重要途

---

* 本部分作者为黄镜池、周菁怡和李军。

径，对中国农业经济和畜牧业经济发展的重要性也日益提升。2012～2021 年，中国畜牧业总产值从 2.65 万亿元增长至 3.99 万亿元，增长率为 50.57%。① 肉羊产业作为畜牧业的重要组成部分，其发展不仅关系到农牧民的生产和生活，更是推动现代畜牧业实现高质量发展的引擎。自 2016 年农业部实施《全国草食畜牧业发展规划（2016—2020 年）》以来，肉羊产业规模化、标准化取得快速发展，新型经营主体明显增多。党的二十大报告中明确提出要"加快建设农业强国"。就肉羊产业而言，中国是肉羊生产大国而非生产强国，受资源条件、经济水平和社会发展等因素的限制，多数肉羊主产区养殖设备和基础设施更新升级缓慢，生产方式较为传统，养殖主体仍以传统的散养户为主。与一些草食畜牧业强国相比，在劳动生产率、资本产出率、资源利用率等方面均存在一定的差距。2022 年，农业农村部发布的《畜牧业"三品一标"提升行动实施方案（2022—2025 年）》中也着重指出"要持续推进标准化规模养殖，到 2025 年每年创建 100 个左右国家级畜禽养殖标准化示范场；全国畜禽规模养殖比重达到 78%"。为了提高产出水平，尤其是增加羊肉长期有效供给，提高肉羊产业经济效益，提升产业链、供应链韧性和安全水平，需着力提升生产要素的投入产出效率、提高肉羊生产技术效率，推动肉羊产业由劳动密集型向资本和技术密集型转变。

"十四五"时期是巩固拓展脱贫攻坚成果和全面推进农业现代化的关键时期，测算肉羊产业生产效率，从宏观角度综合反映目前肉羊产业经济绩效，能够为未来提高中国肉羊产业的创新力、竞争力和科技贡献率，促进产业高质量发展和综合实力提升提供参考依据。因此，本文基于 2009～2022 年《全国农产品成本收益资料汇编》数据，采用索洛余值法及随机前沿（SFA）分析法对 2010～2022 年我国肉羊产业全要素生产率

---

① 资料来源：国家统计局—国民经济核算指标（https://data.stats.gov.cn/easyquery.htm?cn=C01）。

和技术效率进行测算分析，以期为提高我国肉羊生产的技术效率、规模效率、全要素生产率等提供决策参考。

2. 研究方法与数据来源

2.1　测算模型构建

本文将分别基于索洛余值法和随机前沿方法测算肉羊产业的全要素生产率和生产效率。

① 索洛余值法

全要素生产率又被称为综合要素生产率，由罗伯特·索洛首次提出，用于解释经济增长中不能被劳动、资本解释的部分。1975 年，索洛在模型中引入两个假定：规模报酬不变和希克斯中性技术进步，由此提出了表达式为 $Y_t = A_t K_t^{\alpha} L_t^{\beta}$ 的新古典生产函数，并在此基础上将广义的科技进步定义为产出增长与劳动和资本要素所引起的产出增长之间的差值，还把广义的科技进步与产出增长的比值称为广义的科技进步对产出增长的贡献率。

本文假定肉羊生产函数为柯布—道格拉斯（C－D）生产函数形式，生产函数如式（1）所示。

$$Yield_{it} = A_{it} e^{\mu_{it}} Breed_{it}^{\alpha_1} Feed_{it}^{\alpha_2} Labor_{it}^{\alpha_3} Other_{it}^{\alpha_4} \tag{1}$$

其中，$Yield$ 表示肉羊单位产量，A 表示技术要素，$Breed$ 表示单位仔畜费用，$Feed$ 表示单位饲料费用，$Labor$ 表示单位劳动费用，$Other$ 表示其他费用；α 表示对应要素投入的产出弹性，i 表示省（区），t 表示年份。再对式（1）两边取对数可得式（2）。

$$\begin{aligned} \ln Yield_{it} = {}& \ln A_{it} + \alpha_1 \ln Breed_{it} + \alpha_2 \ln Feed_{it} + \alpha_3 \ln Labor_{it} \\ & + \alpha_4 \ln Other_{it} + \mu_{it} \end{aligned} \tag{2}$$

按照索洛余值法，肉羊全要素生产率（TFP）可以表示为产出中不能被要素投入所解释的部分，一般来说代表了广义的技术进步，所以根据式（2）可得 TFP 水平值的测算方法为：

$$TFP_{it} = A_{it} = \frac{Yield_{it}}{Breed_{it}^{\alpha_1} Feed_{it}^{\alpha_2} Labor_{it}^{\alpha_3} Other_{it}^{\alpha_4}} \qquad (3)$$

对式（3）两边先取对数再求微分，可得：

$$\frac{\mathrm{d}\ln TFP}{\mathrm{d}t} = \frac{\mathrm{d}\ln Yield}{\mathrm{d}t} - \alpha_1 \frac{\mathrm{d}\ln Breed}{\mathrm{d}t} - \alpha_2 \frac{\mathrm{d}\ln Feed}{\mathrm{d}t} - \alpha_3 \frac{\mathrm{d}\ln Labor}{\mathrm{d}t} - \alpha_4 \frac{\mathrm{d}\ln Other}{\mathrm{d}t}$$

$$\qquad (4)$$

即有

$$tfp = yield - \alpha_1 breed - \alpha_2 feed - \alpha_3 labor - \alpha_4 other \qquad (5)$$

其中，tfp 为全要素生产率的年均增长率，即技术进步率，$yield$、$breed$、$feed$、$labor$、$other$ 分别表示肉羊产出、仔畜费用、饲料费用、劳动投入、其他费用的年均增长率。

② 随机前沿（SFA）方法介绍。测定技术效率的常用方法是法雷尔（Farrell，1954）总结出的生产前沿分析法，并得到理论界广泛认同。他将具有投入或产出最优值的函数定义为前沿生产函数或生产边界，而技术效率水平的高低决定了生产者的产出能否达到其前沿边界。由于生产的实际值可以直接观测到，因此确定前沿面是测量技术效率的关键所在。王剑等（2009）将博格和亨特（Berger and Hunter，1993）对前沿方法的分类进行了重新归纳，最终将其分为确定性前沿方法（确定性无参数前沿、确定性参数前沿和确定性统计前沿）和随机性前沿方法两种。

随机前沿分析是在确定生产函数的基础上，将技术非效率因素和随机误差项考虑在内，通过观测产出和确定性前沿面的比值计算出技术效率。因此利用随机前沿的参数估计，可将技术效率取值控制在 $0 \sim 1$，为生产技术效率的测算提供了简便参数计算方法。艾格纳等（Aigner et al.，1977）提出用随机前沿方法来测算技术效率，他们的模型一般表达为：$y = f(x;\beta)\exp(v-u)$，其中 y 为产出，x 为投入矢量，β 为待估参数矢量，

$(v-u)$ 为误差项，生产者的技术效率表示为：$TE=esp(-u)$，这种方法下的技术效率取值为 $0\sim1$。

本文选取柯布—道格拉斯函数（C–D 函数）作为生产函数的表达形式，并基于随机生产前沿模型（SFA）对我国 2008~2021 年 7 个省份的肉羊生产效率进行测算，在 SFA 确定生产函数模型在式（7）的基础上，考虑到无效率因素作为不可控变量对回归的影响，参考胡仕星月等（2021）基于传统随机前沿模型的改进，将模型表达为式（9），利用 C–D 函数将 $\ln(\alpha X_{it})$ 展开为式（10），本文最终构建生产效率值计算公式如式（11）所示。其中，Y_{it} 为省份 i 在第 t 年的肉羊单位产量；x_{it} 为省份 i 在第 t 年的投入；α 为待估参数向量，θ_{it} 为随机误差项，包含疫情等不确定因素；μ_{it} 为技术无效率项，表示生产无效的程度，且 θ_{it} 与 μ_{it} 相互独立。

$$Y_i = f(x_{it})\exp(v_{it}-u_{it}) \tag{6}$$

$$\ln Y_{it} = \ln(\alpha X_{it}) + v_{it} - u_{it} \tag{7}$$

$$\ln(\alpha X_{it}) = \alpha_0 + \sum_{n=1}^{4} \alpha_n \ln x_{nit} \tag{8}$$

$$\ln Y_{it} = \alpha_0 + \alpha_1 \ln Breed_{it} + \alpha_2 \ln Feed_{it} + \alpha_3 \ln Labor_{it}$$
$$+ \alpha_4 \ln Other_{it} + v_{it} - u_{it} \tag{9}$$

$$E_{it} = \frac{Y_{it}}{f(x_{it})\exp(v_{it})} = \exp(-u_{it}) \tag{10}$$

2.2 数据来源与变量选择

考虑到研究数据的可获得性，本文测算肉羊产业全要素生产率的各投入与产出指标均来自《全国农产品成本收益资料汇编（2009—2022）》，价格指数源于历年《中国统计年鉴》。为保证数据的一致性和统计指标的连续性与完整性，选取 2008~2021 年河南、山东、黑龙江、陕西、新疆、河北、宁夏 7 个肉羊主产省（区）的散养羊产出及成本收益数据。本文定义肉羊产出为主产品产量，单位为千克/只；总投入包括每只羊的仔畜进价费、饲料费用、人工成本以及其他费用。为了消除不同年份间价格变化的影响，上述费用通过居民消费价格指数（CPI 价格指数）对所有价值量指标进行平减（以 2008 年为基期）进行平减。

① 仔畜进价费：主要为饲养者购买或自育的肉羊仔畜费用；购进羊羔按实际购进价格加运杂费计算，自繁自育羊羔按同类羊羔市场价格计算或实际饲养成本核算，单位为元/只。

② 饲料费用：主要包括肉羊饲养过程中所耗费的精饲料、青粗饲料及饲料加工费三项；其中，精饲料与青粗饲料费指肉羊养殖周期内实际耗费的精饲料与饲草支出，购进的饲料按照实际购进价格加运杂费计算，自产的按照正常购买期间的市场价格计算，饲料加工费是委托他人加工饲料产生的费用，单位为元/只。

③ 人工成本：主要包括家庭用工折价和雇工费用，单位为元/只。

④ 其他费用：主要包括固定资产折旧、水电动力费、医疗防疫费、死亡损失费、维护修理费、技术服务费、燃料动力费等；其中死亡损失费指在当地正常饲养条件下，饲养户（场）发生的肉羊死亡损失费用，技术服务费指饲养者实际支付的与肉羊饲养过程直接相关的技术培训、咨询、辅导、诊断等各项技术性服务及其配套技术资料的费用，单位为元/只。上述变量描述性统计如表 1 所示。

表 1　　　　　　　　2008～2021 年肉羊生产每单位投入产出统计

投入产出指标	样本量	均值	标准差	最小值	最大值
每只主产品产量（千克）	98	43.06	5.95	31.40	56.97
仔畜费用（元/只）	98	340.61	164.92	105.373	985.07
人工成本（元/只）	98	311.59	133.51	92.23	657.63
饲料费用（元/只）	98	178.14	72.73	47.78	349.48
其他费用（元/只）	98	27.15	11.10	10.21	69.72

资料来源：根据 2009～2022 年《全国农产品成本收益资料汇编》数据整理。

从成本收益变动情况来看，2008～2021 年，全国散养肉羊平均每只主产品产量略有上升，肉羊产值和总成本均呈波动上升趋势，净利润则大体在 0~200 元波动。2010~2021 年，全国散养肉羊平均每只主产品产量增加了 11.8%，平均每只肉羊产值涨幅达 108.3%，而总成本上涨了 1.2 倍，最终使得养殖净利润上升了 44.8%，但其中 2012~2016 年不断下降。因此，全国肉羊养殖的成本利润率整体呈下降趋势，平均每只肉羊成本利润率由 21.2% 下降至 13.9%，下降了 7.3 个百分点，尤其是 2008~2010 年和 2011~2016 年两个阶段，成本利润率直线下降至历史最低点，波动幅度非常大，即使在后续几年里快速回升，到 2021 年也没有恢复至原来的水平。其中，2013~2015 年我国肉羊养殖成本、产值和净利润不断下滑，且由于产值下滑的速度远高于总成本，其成本利润率呈直线下滑趋势。肉羊养殖平均产值由 1245.6 元/只下降至 936.1 元/只，下降了 24.8%；平均净利润从 167.5 元/只下降至 -66.0 元/只，下降了 1.4 倍；平均每只肉羊成本利润率从 15.5% 下降至 -6.6%，下降了 22.1 个百分点（见图 1）。这主要是由于 2014 年我国集中暴发的小反刍兽疫疫情导致全国活羊流动受限，销售受阻，羊肉价格出现断崖式下跌，而养殖成本变动幅度较小，因此出现亏损的情况。2017 年之后，小反刍疫病带来的负面影响逐渐减弱，产品市场需求稳步增加，羊价持续升高，养殖净利润开始慢慢回升（见图 1）。

从各项生产成本来看，中国散养肉羊的生产成本分为物质与服务费用和人工成本两部分，物质与服务费用占总成本的 60% 左右，人工成本占总成本的 40% 左右。物质与服务费用中，仔畜费最多（2021 年占总成本的 40.5%），其次是饲草料费用（占比 19.4%），水费、燃料动力费、医疗防疫费等其他相关费用占比较小，不到 3%。人工成本中，家庭用工折价占到人工成本的 95.4%，表明肉羊养殖经营活动中仍以家庭劳动力主体。2008~2021 年，全国散养肉羊物质与服务费用经历了先上涨后下降再上升的过程，仔畜费用经历了"M"型波动，近两年出现下滑。饲料费用呈波动式上升，近十年来上涨率为 33.63%；人工成本总体呈上升趋势，其中 2010~2014 年增长较为迅速，平均上涨率为 84.54%，近年来放缓，2015~2021 年单位人工成本增长率为 14.43%；其他成本较为稳定，虽略有波动但总体变化不明显（见图2）。

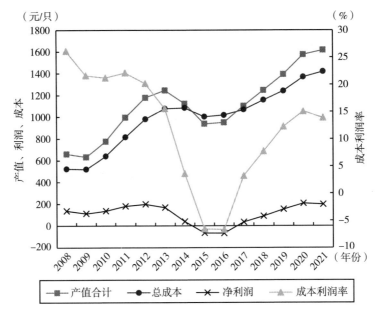

图1 2008～2021年全国平均散养肉羊成本利润率变动情况

资料来源：2006～2022年《全国农产品成本收益汇编》。

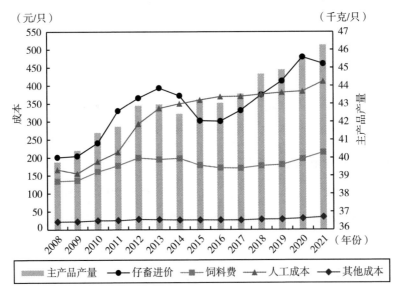

图2 2008～2021年我国肉羊产出和要素投入变动情况

资料来源：2009～2022年《全国农产品成本收益资料汇编》。

3. 实证结果分析

3.1 基于索洛余值法肉羊产业 TFP 测算

利用 2008 ~ 2021 年河北、河南、黑龙江、宁夏、山东、山西、新疆 7 个省（区）的面板数据对式（2）的生产函数进行回归，回归结果见表 2。

表 2　　　柯布—道格拉斯（C – D）生产函数模型回归结果

变量	系数
ln*breed*	0. 105 ** (0. 058)
ln*feed*	0. 229 *** (0. 076)
ln*labor*	0. 226 *** (0. 035)
ln*other*	0. 439 *** (0. 099)

注： ***， ** 分别表示在 1%， 5% 的水平上显著，括号内数值为标准误。

根据回归结果，仔畜投入在 5% 的检验水平上显著，饲料、劳动力及其他投入都通过了 1% 水平的显著性检验，可以看出，劳动要素投入的产出弹性为 0. 226，即劳动投入每增加 1%，最后产出将增加 0. 226%；仔畜费用、饲料费用和其他费用的产出弹性分别为 0. 105、0. 229 和 0. 439，即仔畜投入每增加 1%，最后产出会增加 0. 105%，饲料投入每增加 1%，最后产出增加 0. 229%，其他投入每增加 1%，最后产出增加 0. 439%。

将估计结果代入式（2）可得：

$$\ln Yield_{it} = \ln A_{it} + 0.105\ln Breed_{it} + 0.229\ln Feed_{it} + 0.226\ln Labor_{it}$$

$$+ 0.439\ln Other_{it} + \mu_{it} \tag{11}$$

然后，利用7个省（区）数据算出各生产要素的各年均值作为全国的生产投入水平，再代入式（3）中计算得出2008～2021年各年份全国肉羊的全产要素生产率。以2008年为基准年，利用全国平均数据计算出各生产要素的年均增长率，再代入式（5）中计算得出2009～2021年各年份全国肉羊的技术进步率，其中2010～2021年测算结果如表3所示。近年来TFP总量较小，2010～2021年全要素生产率均值为0.861，其中2015～2017年技术进步较为明显，2019年后受国际公共紧急卫生事件等影响下，技术进步率有所下降。

表3　　　　　　　2010～2021年全国肉羊全要素生产率及其增长率

年份	产品产量增长率(%)	仔畜进价增长率(%)	饲料费增长率(%)	人工成本增长率(%)	其他成本增长率(%)	TFP	tfp
2010	0.990	36.282	24.398	33.372	2.918	0.893	-0.141
2011	0.334	88.823	17.238	25.901	0.027	0.879	-0.087
2012	1.161	36.129	21.461	78.230	3.347	0.856	-0.152
2013	0.073	27.886	-4.307	43.192	-0.858	0.853	-0.021
2014	-0.526	-21.304	2.871	12.855	-0.954	0.854	-0.003
2015	0.807	-69.896	-19.143	10.552	-0.097	0.863	0.056
2016	-0.193	-1.444	-7.225	9.562	-0.046	0.864	0.000
2017	0.506	30.065	-0.787	0.672	-0.316	0.867	0.007
2018	1.106	43.644	6.691	5.821	1.934	0.862	-0.033
2019	0.236	38.275	2.953	5.131	0.588	0.859	-0.021
2020	0.767	66.325	16.549	2.961	2.282	0.851	-0.057
2021	0.599	-18.308	17.780	27.829	3.800	0.833	-0.074

资料来源：产量及增长率数据由2011～2022年《全国农产品成本收益资料汇编》数据整理计算得出，TFP及TFP增长率（tfp）根据模型计算得出。

3.2 基于随机前沿法（SFA）的肉羊产业 TFP 测算

本文基于 SFA 模型在 Stata 13.0 中对全国 7 个省（区）2010~2021 年的面板数据进行测算。从整体水平来看，我国肉羊产业的技术效率平均值为 0.958，我国肉羊产业整体效率水平良好，接近于效率前沿面，除山东和宁夏两省（区）外，其他各主产省份的技术效率普遍高于全国平均效率水平。从各主产省发展水平来看，技术效率值均小于 1，是由于纯技术效率和规模效率损失共同导致的。各省份的生产技术效率存在较大差异，河北和黑龙江的技术效率值较高，分别为 0.971 和 0.970，山东省的最低，效率值为 0.918（见图 3）；这在一定程度上可以说明河北和黑龙江这两个省的养殖户相比其他五个省（区）充分利用现有的技术条件对其所拥有的生产要素进行了更有效率的配置。同时，也说明了我国肉羊生产尚未充分利用要素进行合理配置以提高生产效率，仍存在技术效率损失的情况，生产技术效率还有提升的空间。

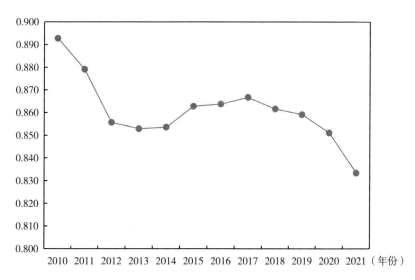

图 3　2010~2021 年我国肉羊生产全要素生产率变动情况

资料来源：基于 2011~2022 年《全国农产品成本收益资料汇编》数据，根据模型计算得出。

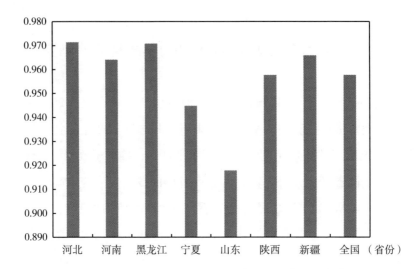

图4 2010～2021年我国肉羊主产省份全要素生产率情况

资料来源：基于2011～2022年《全国农产品成本收益资料汇编》数据，根据模型计算得出。

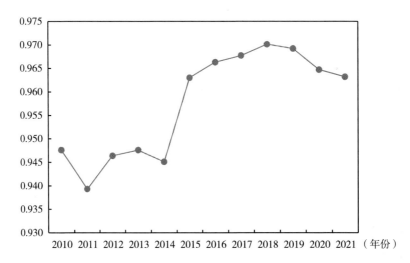

图5 基于随机前沿法计算的2010～2021年肉羊平均全要素生产率

资料来源：基于2011～2022年《全国农产品成本收益资料汇编》数据，根据模型计算得出。

总体来看，2010～2021年我国肉羊生产全要素生产率整体呈波动态势，但整体波动幅度趋于放缓。其中，2010～2015年全要素生产率呈现出"W"形波动，从2010年开始经历了一段较快的下降，随后在波动中缓慢回升，并在2014～2015年出现显著上升，由0.945上涨至0.963，增长率为 1.90%；2015~2018 年生产技术效率保持缓慢上升，近两年才开始呈现出下降趋势，2021 年我国肉羊平均全要素生产率为 0.963，环比增长率为 -0.16%，但仍保持在接近效率前沿面的高位（见图 4）。这是由于 2020 年以来，在国际公共卫生紧急事件和非洲猪瘟对国内畜牧业的双重影响下，规模化、标准化生产模式应用、疫病综合防治技术推广等进展缓慢，肉羊产业发展受到制约，全要素生产率增长有所放缓。

根据结果，SFA 方法与索洛余值法测算出的 TFP 略有差别，这是因为两种测算方法对于在生产过程中"技术是否得到有效利用"的假设不同。索洛余值法是在"假定生产在技术上是充分有效"的条件下把产出增长率与全部投入要素增长率的加权和之差作为全要素生产率；而随机前沿分析是"允许技术无效率的存在"的条件下，通过将生产过程中的实际值与最优值进行比值进而得出 TFP，因此 SFA 测算出的效率值普遍高于索洛余值法测算出的结果且波动率较低。

3.3 肉羊产业 TFP 影响因素分析

为了寻找引致肉羊生产技术效率差异背后的深层次原因，基于 2008~2021 年成本收益数据，进一步构建回归模型对影响肉羊生产效率的因素进行参数估计（见式（12））。其中，被解释变量 E_{it} 为 SFA 方法测算出的生产效率值，解释变量 x_i 是对 2008~2021 年河南、山东、黑龙江、陕西、新疆、河北、宁夏 7 个省（区）的投入要素进行平均值运算后得到的 2008~2020 年全国肉羊单位产量（$output_i$）、人工成本（$labor_i$）、仔畜费用（$breed_i$）、饲料费用（$feed_i$）及其他费用（$other_i$）的值，具体形式如下：

$$E_{it} = \theta_0 + \theta_1 x_1 + \theta_2 x_2 + \theta_3 x_3 + \theta_4 x_4 + w_i \qquad (12)$$

肉羊主产省份平均 SFA 影响因素的回归结果如表 4 所示。仔畜费用和劳动投入的估计参数分别为 0.014 和 0.019，分别在 10% 和 1% 的水平上显著，即仔畜费用增加 1%，生产效率将提升 1.40%；劳动投入增加

1%，生产效率将提高1.9%，进一步推测劳动仍是散养养殖户提升效率的方法。饲料费用对SFA有负向影响，并在1%的显著水平上通过检验。其他费用虽然作用不显著，但其他要素的投入会对肉羊生产效率产生负向影响，这表明肉羊生产效率的提高不能再一味地依赖于生产要素的大量投入，而是要依靠种业高质量发展，采用标准化、机械化、专业化的饲养模式提升规模场（户）的养殖水平，推动肉羊产业由资本密集型向技术密集型转变。

表4   **我国肉羊产业 TFP 影响因素回归结果**

变量	系数	标准误	p 值
ln*breed*	0.014 *	0.008	0.079
ln*feed*	− 0.042 ***	0.010	0.000
ln*labor*	0.019 ***	0.006	0.002
ln*other*	− 0.005	0.011	0.606
常数项	0.993 ***	0.041	0.000

注：***，* 分别表示在1%，10%的水平上显著。

4. 结论与对策建议

通过测算2010~2021年全要素生产率值，发现索罗余值法和随机前沿法得到的结果略有差异，但是两者均表明近十年来我国肉羊全要素生产率（TFP）处于波动状态，虽近两年内受公共卫生事件、小反刍疫病等外部因素冲击导致生产技术效率有所下降，但总体呈上升趋势，这也从侧面反映了产业技术在不断进步。当前，中国肉羊产业的规模化水平较十年前已有较大提升，但发展潜力仍比较大，技术进步对于肉羊产业未来突破要素壁垒、优化产业结构和推动产业升级至关重要。此外，SFA方法的测算结果也表明各主产区均存在一定的效率损失，与效率前沿面存在些许差距，说明目前我国肉羊养殖业在规模与技术方面仍有改进空间。所以，针对以上结论提出如下三点建议。

推进肉羊产业的适度规模化，提高规模效率。第一，不断优化各要素投入配比和利用效率，因地制宜选择适度养殖规模，提高机械化、规模化水平以降低肉羊饲养环节中的人工成本。第二，采用科学经营，促进肉羊产业结构调整，通过肉羊标准化规模经营引导养羊户将"劳动密集型"转变为"技术密集型"，引领肉羊产业化经营发展进程。第三，充分利用现代信息技术，提高产业链的运作效率。在农业信息化与数字乡村发展战略的持续推进背景下，依托大数据实现信息及时精准采集、传递和运用，有助于实现科学规模化管理，进而提高全产业链的运作效率。第四，转变规模选择方式，提质增效。避免和消除由于规模扩大带来的内在不经济，保障适度规模，通过引入专业技术设备和人才，培育合作社等新型农业经营主体，带动高效生产，并继续强化育种改良，进而提高规模经济效率和资源利用率。

提升科学生产能力，持续推进肉羊产业现代化。第一，通过采用标准化、机械化、专业化的饲养模式提升规模场户的养殖水平。第二，规范肉羊屠宰加工步骤，各地区肉羊质检部门加强肉羊质量监管追溯，不仅要追求产量稳定，更要实现优质发展。同时，依托循环农业推行养殖废弃物资源化利用，实现生产与环境可持续发展。第三，配套完善基层兽医防疫体系，完善尤其针对小农户的肉羊养殖保障机制，加大能繁母羊保险和种公羊补贴等政策性投入。另外，各主产省份要依据自身条件选择恰当的发展方式，宁夏和山东两省（区）需善于利用地区优势，合理分配利用生产要素，培育当地良种，不断提升生产效率，实现与全国平均水平持平。以技术创新和科学化管理为纽带推动全产业链条协调统一发展，实现肉羊产业智能化转型升级，全面提升生产效率。

完善生产技术服务体系，促进技术进步。第一，加强对区域范围内畜牧业发展配套政策的整体扶持，促进先进高效技术的普及和推广，例如基层肉羊地方品种的保护、开发、繁育、改良的系列工作。第二，在龙头企业带动下，形成产学研紧密结合的技术创新体系，同时支持各类创新主体根据自身特色和优势，不断创新生产模式。第三，将养殖户的利益放在首位。构建养殖户与科研专家、农技推广人员、养羊合作社以及涉农企业的交流平台，围绕农户实际需求，形成多层次、宽领域的技术研发、推广以及应用的综合服务体系，切实提升肉羊产业人力资本化水平；提高各地防疫水平，确保乡镇防疫站专业人员定期对农户进行指导，降低肉羊生产主体的损失。未来提高肉羊产业的全要素生产率要综合考虑技术效率与技术进步的协调增长，促进肉羊产业发展方式转变，实现产业的可持续发展。

参 考 文 献

［1］胡仕星月，胡恬恬，杨亚璪. 基于 SFA 模型和超越对数生产函数的汽车租赁企业运营效率分析［J］. 交通运输研究，2021，7（4）：35－43.

［2］毛世平. 技术效率理论及其测度方法［J］. 农业技术经济，1998（3）：38－42.

［3］王剑，雷晓峰，皮向红，钱炬炬. 技术效率测度方法研究综述［J］. 沿海企业与科技，2009（9）：28－31.

［4］Aigner D J, Lovell C A K, Schmidt. Formulation and estimation of stochastic frontier production functions models［J］. Journal of Econometrics, 1977（7）.

［5］Blundo. C. , Santis. A. D. , U. Herzberg. A. , Kutten. S. , Yung. M. Perfectly secure key distribution for dynamic conferences. Proceedings of the 12th Annual International Cryptology Conference on Advances in Cryptology［C］. London：Springer－Verlag, Press, 1992：471－486.

［6］Farrell M J. The Measurement of Production Efficiency Journal of Royal Statistical Society［J］. Series A General, 1957：253－281.

专题二

肉羊产业市场情况

我国羊肉市场价格波动分析[*]

摘要： 肉羊产业是我国畜牧业重要组成部分，肉羊产业健康有序发展面临的一大主要阻力是我国羊肉市场价格不稳定发展，不利于肉羊养殖主体提高效益和政府产业部门做出良好决策。基于此，本文从时间与区域两个维度出发，基于羊肉市场月度价格与年度平均价格分析我国羊肉市场价格波动特征、波动差异及影响因素。结果表明：从时间维度来看，我国羊肉市场价格整体呈波动上涨趋势，但我国羊肉市场价格稳定性较差，运行呈现明显波动与集聚性；从区域维度来看，受运输成本等因素影响我国羊肉产地价格低于销地，且主产省份价格波动程度要大于非主产省份。2000～2017年不同省份羊肉市场价格呈波动上升趋势，但具体波动的阶段性特征不一致，不同省出现价格高峰的时间不一致，区域省份间的价格割裂程度较为明显。影响我国羊肉市场价格波动的因素主要来自供给、需求与系统外因素三个方面，不同区域影响因素存在差异；但肉羊养殖成本及替代品价格仍然是不同区域共同的重要影响因素。

关键词： 羊肉；市场价格；价格波动；影响因素；面板数据；区域差异

1. 引言

　　肉羊产业是构成我国畜牧业的重要组成部分，在现代畜牧业转型升级过程中发挥着越来越重要的作用。随着居民生活水平和收入水平的提

　　＊ 本部分作者为樊慧丽和付文阁。

高以及消费理念和饮食习惯的转变,羊肉消费逐渐从区域特定群体消费转为全国全面性消费。而我国肉羊产业健康有序发展面临的一大重要阻力是我国羊肉市场价格波动幅度较大且呈阶段性不稳定特征,这些特征一方面对肉羊养殖主体经验策略的选择与经济效益的提高产生不利影响,另一方面也不利于政府等相关部门对产业发展进行良好决策。那么,我国羊肉市场价格在时间上与区域间有什么波动特征?存在什么差异?哪些因素影响其波动及波动差异性?这些问题都值得我们深入研究。

国内外对羊肉价格的研究逐渐增多,主要研究内容有三个方面,一是通过测定羊肉价格波动周期进而分析羊肉价格波动原因(王明利等,2016),研究以国内羊肉市场为主;二是通过分析羊肉价格波动特征探究羊肉价格上涨原因和带来的影响(孙世民等,2014),国外对羊肉价格的非对称性研究较多(Griffith and Piggott,1994);三是从动态变化角度分析羊肉市场价格与其他产品市场价格的动态关联效应,国内研究认为,2005 年以来,我国羊肉价格保持波动上涨态势,阶段性特征明显,但2015 年肉羊产业发展进入转型升级阶段,对羊肉价格变动产生一定影响,羊肉价格波动季节性明显,而牛肉、鸡肉、玉米、豆粕与 CPI 等对羊肉价格波动有显著性影响(王士权等,2017)。

目前关于羊肉市场价格波动的研究多集中于分析羊肉价格上涨及上涨背后原因,对羊肉价格波动特征的分析以定性分析为主,缺乏对相关数据的深入挖掘和研究,且缺乏从不同角度切入进行比较分析。基于此,本文以国内羊肉市场价格为研究主体,从时间与区域两个维度出发,运用羊肉月度市场价格数据与年度平均价格数据深入分析我国羊肉市场价格波动特征、波动差异及影响因素。

2. 数据来源与说明

分析羊肉市场价格波动特征中的数据主要来源于《中国农产品价格

调查年鉴》与中国畜牧业信息网站。年度羊肉市场价格样本区间选择
2000~2017年；月度数据样本区间选择2000年1月~2017年12月，为消
除物价等因素影响，本文以2000年1月为基期的全国居民消费价格指数对
月度数据进行平减，并利用CensuX12季节调整方法对数据进行季节调整。

在分析羊肉市场价格波动影响因素时，本文基于供给、需求及系统
外因素三个方面，具体选择羊肉产量、肉羊养殖成本、居民人均可支配
收入、人均羊肉消费量、牛肉市场价格、禁牧政策6个指标分析其对羊
肉市场价格波动的影响。我国肉羊养殖共有4个优势区，但西南肉羊优
势区以山羊养殖为主，考虑到数据可获取性，本文选择8个省份作为研
究区域，其中山东、河北和河南代表中原优势区，内蒙古与黑龙江代表
中东部农牧交错带优势区，新疆、陕西和宁夏代表西北优势区，时间跨
度为2000~2017年，对不同区域羊肉市场价格波动影响差异性进行分析。
其中，羊肉产量、居民人均可支配收入、人均羊肉消费量数据来源于
《中国统计年鉴》，肉羊养殖成本数据来源于《全国农产品成本收益汇
编》，牛肉市场价格数据来源于《全国农产品价格调查年鉴》及中国畜牧
业信息网站。研究以2000年为基期的居民价格指数进行平减，以消除物
价和通货膨胀等因素影响。变量指标说明如表1所示。

表1 变量指标说明

变量	符号	变量名称	单位	指标说明	预期方向
被解释变量	MP	羊肉市场价格	元/千克	不同区域羊肉市场价格	
解释变量	MQ	羊肉产量	万吨	不同区域供给对价格影响	-
	Y	居民人均可支配收入	元	不同区域居民收入水平	+
	MC	肉羊养殖成本	元	不同区域成本对价格影响	+
	PMC	人均羊肉消费量	千克	不同区域消费因素影响	+
	BP	牛肉市场价格	千克	不同区域替代品因素影响	+
	GP	禁牧政策	—	不同区域政策因素影响	+

注：禁牧政策于2003年开始，但考虑具体执行状况，将2006年及以后年份取值为1，其余
年份取值为0；预期羊肉产量对羊肉市场价格有负向影响，居民人均可支配收入、肉羊养殖成
本、人均羊肉消费量、牛肉市场价格和禁牧政策对羊肉市场价格有正向影响。

3. 我国羊肉市场价格波动特征分析

3.1 我国羊肉市场价格时间波动特征分析

总体来看，我国羊肉市场价格呈波动上涨趋势。21 世纪以来，我国肉羊产业迅速发展，羊肉价格呈整体上涨趋势，2000~2017 年我国羊肉市场年际平均价格为 34.92 元/千克。羊肉价格的整体上涨离不开我国经济发展、人口增长、人民生活水平和消费水平提高以及养殖技术进步等方面的影响。从图 1 可以看出，2007 年之前，我国羊肉市场价格基本处于稳定状态，价格波动较为平缓；2007 年以后，羊肉市场价格出现快速上涨趋势，尤其是 2014 年，达到近些年羊肉市场价格顶峰，约 64.88 元/千克，与 2007 年相比上涨幅度约为 167.44%，而同期牛肉市场价格涨幅约 32.78%，猪肉市场价格涨幅约 30.99%[①]，羊肉市场价格涨幅显著高于同期其他肉类产品。2007~2014 年羊肉价格总体保持迅猛增长，主要因为我国消费水平不断提高，且火锅连锁对羊肉消费进一步助推，羊肉逐步上了大众餐桌。

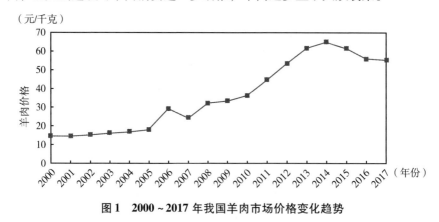

图1　2000~2017 年我国羊肉市场价格变化趋势

① 资料来源：《全国肉羊优势区域布局规划（2008~2015）》。

　　为更好反映剔除时间趋势影响后的羊肉市场价格变动情况，本文运用变异系数对我国羊肉市场价格进行分析，变异系数值越小，说明羊肉市场价格整体稳定性越好。通过计算得到 2000～2017 年羊肉市场价格波动变异系数为 0.5832，超过了 0.5，即当剔除时间趋势的影响后，羊肉市场价格波动程度仍较大，羊肉价格长期以来整体稳定性较差，与实际情况相符。

　　具体来看，我国羊肉市场价格稳定性较差，运行呈明显波动性，但波动集聚效应明显。在上涨趋势下，我国羊肉市场价格运行也体现出明显波动性。为清晰反映羊肉价格波动情况，以月度数据为基础，计算羊肉价格环比增长率。结果显示羊肉价格环比增长率整体波动幅度较大，围绕 0 上下波动，但后期波动存在较强集簇性，即整体波动幅度有缩小趋势，但上升或下降的持续性在增加，羊肉市场价格波动上升或下降存在持续推动力。

　　本文进一步运用 Eviews 8.0 软件计算羊肉市场月度价格的波动率。结果显示，羊肉价格月波动率整体呈围绕 0 值上下波动态势，但 2007 年以前，月波动率频率与幅度变化较大，2007 年以后，羊肉价格月波动率变化出现连续偏高或连续偏低情况，变化趋势趋于平缓，表明我国羊肉市场价格波动趋于集聚，呈较明显波动聚集性。

3.2　我国羊肉市场价格区域波动特征分析

　　我国肉羊养殖与羊肉生产受地区自然资源禀赋差异及区域社会经济发展不同条件等因素影响，其羊肉市场价格变动情况也存在差异性。

　　从主产省（区）与非主产省（区）差异来看（见表 2），主产省（区）羊肉市场价格均值低于非主产省（区），且低于全国平均水平，表明我国羊肉产地市场价格低于销地。究其原因可能是非主产省（区）羊肉市场价格还受运输环节成本等影响。具体从四大优势区差异来看，西南优势区羊肉市场价格均值最大，中原优势区和中东部农牧交错带区相差较小，而西北优势区最小，主要原因是西北优势区既有牧区养殖又有农区养殖，牧区养殖优势虽在下降，但农区养殖优势日益明显，其秸秆资源较为丰富，随着"粮改饲"政策的实施及秸秆资源利用率进一步提高，肉羊养殖尤其是舍饲育肥羊饲料成本较高问题得到有效解决，而牧区养殖随着科技进步等因素影响，绿色发展更受市场欢迎，需求旺盛。西南优势区以消费山羊品种为主，品种差异是造成其市场价格差异的主要原因。但从变异系数来看，主产省（区）与非主产省（区）羊肉市场价格变异系数均高于0.5，且主产省（区）高于非主产省（区）。表明我国整体羊肉市场价格波动较大，且主产省（区）波动程度大于非主产省（区），究其原因可能是，一方面主产省（区）作为羊肉生产的源头区域，受到来自养殖、屠宰加工及销售等各个环节直接影响，其波动更为灵敏且显著；另一方面我国羊肉消费区与主产区重合度较高，其他非主产区对羊肉消费量虽在不断上涨，但仍远低于主产区，故消费对市场价格影响较非主产区更大。而西北优势区变异系数值较其他三个优势区较小的原因是居民消费习惯差异，山羊肉消费主要集中于西南区省份，且因品种差异影响，西南优势区羊肉市场价格受大市场影响变动较小，主要受内部相关因素影响，故波动程度较小。

表2　　　　　2000~2017年不同区域羊肉市场价格变异系数

区域		均值	标准差	变异系数
全国		34.92	18.40	0.53
主产省份	中原优势区	33.49	18.33	0.55
	中东部农牧交错带区	33.24	17.96	0.54
	西北优势区	30.77	15.67	0.51
	西南优势区	35.47	20.00	0.56
	均值	33.24	17.99	0.54
非主产省份		38.98	19.98	0.51

从省际差异来看，2000~2017年我国不同省份价格均呈波动上升趋

势，但具体波动阶段性特征不一致。各省份羊肉价格不仅在数值上具有差异性，价格波动程度亦明显不同。统计数据显示，2000～2017年，全国30个省份（西藏数据不可获得）价格差异较大，其中，山东、河南、江苏、湖北、内蒙古、黑龙江、吉林、辽宁、陕西、山西、贵州、重庆、北京、天津、福建、广东16个省份在2014年达到近20年价格高峰，河北、安徽、甘肃、宁夏、上海、青海6省在2017年达到近20年价格高峰，四川、云南、湖南、浙江、广西、江西6省份在2015年达到近20年价格高峰，海南在2016年达到价格高峰，新疆在2013年达到价格高峰。不同省份出现价格高峰的时间不一致也说明我国羊肉市场发展还有待进一步完善，各区域省份间价格割裂程度较为明显，区域价格对当地羊肉价格影响较大，未能充分整合不同地区比较优势推进肉羊产业综合发展，羊肉市场体系亟须统一规范。

从年际平均价格来看，价格最高的省份为海南，羊肉价格高达51.17元/千克，价格最低的省份为宁夏，羊肉价格为28.48元/千克。全国羊肉年际平均价格约为34.92元，吉林、天津、山东、江西、云南、广东、浙江、贵州、上海、广西、福建、海南12个省份的羊肉年际平均价格高于全国水平。除山东、吉林、云南、贵州4个省份是羊肉主产区外，其余8个省份均为羊肉非主产区，究其原因可能是非主产省羊肉市场价格还受运输环节成本等影响。不同省份羊肉价格差异较大的原因主要有：一是我国地域辽阔，不同区域资源禀赋与经济发展水平相差较大，对肉羊养殖影响较大，在饲草料资源较为丰富与经济发展较落后的地区更适合发展肉羊产业，且养殖成本较低，从而影响羊肉市场价格；二是我国肉羊品种资源丰富，不同区域选择养殖的品种各有差异，而品种选择直接影响养殖经济效益，从而对市场价格产生影响；三是受国家及地区政策因素的影响。

从价格波动幅度来看，与2000年相比，30个省份羊肉价格均大幅提高，总体增长幅度较高的前10个省份中有8个是羊肉主产省份。主要原因是一方面我国羊肉主产省份受禁牧政策和环保政策等因素影响，养殖户养殖成本大幅提高，助推羊肉价格大幅上涨；另一方面，我国羊肉主产省份也是羊肉消费大省份，随着经济水平不断提高，居民对羊肉消费需求旺盛。羊肉价格大幅提高进一步带动羊肉主产省养殖户生产积极性，推动肉羊产业发展。

4. 我国羊肉市场价格波动影响因素分析

影响我国羊肉市场价格波动的因素很多，大致可以从供给、需求及系统外因素三个方面进行分析，从供给角度来看，第一，生产成本是羊肉价格的主体部分，对羊肉价格波动影响较大。考虑数据可获得性及成本比重，本文将肉羊生产养殖成本作为羊肉生产成本的主要构成部分，其他成本暂不考虑在内。第二，羊肉产量对羊肉市场价格波动产生重要影响。当产品数量发生变动时，会影响产品价格发生反向变动。第三，进出口贸易及农户储备行为对我国羊肉市场价格波动的影响。我国羊肉类产品进出口类别主要以活羊与鲜冻羊肉为主，2017 年，我国羊肉出口量为 5158.4 吨，同比增长 27.05%；我国羊肉进口量为 24.9 万吨，同比增长 13.1%。国外进口羊肉数量较小且主要集中于高端市场，而我国国内羊肉市场巨大，国外羊肉进口数量对国内市场价格影响较小，因此本文暂不将其考虑在内。此外，我国居民对羊肉消费以鲜肉为主，羊肉的家庭储备行为尚未形成一定习惯与规模，故也不将其考虑在内。

从需求角度来看，2016 年，城镇和农村居民人均牛羊肉消费量分别为 4.3 千克和 2.0 千克，与 1985 年相比分别上涨了 65% 和 208%。未来一段时期内，随着人口数量不断增加，城乡居民羊肉消费的消费意愿和消费量将会进一步增加。替代品价格也是重要影响因素之一，羊肉替代品价格的变动会对羊肉产品消费需求产生影响，进而影响羊肉市场价格变动。

系统外影响羊肉市场价格波动的因素仍有很多，如人口数量与结构变化、消费偏好与习惯转变、养殖疫病风险防范成本、养殖技术应用以及国家政策等。

4.1　模型构建

综合考虑以上影响因素及已有研究成果，本文基于供给、需求与系统外因素选择羊肉产量、肉羊生产成本、人均羊肉消费量、牛肉市场价格、居民可支配收入与国家政策 6 个指标分析我国不同区域羊肉市场价格波动影响因素（见表 3）。本文建立面板数据模型分析我国羊肉主产区价格波动影响因素及影响程度，构建模型如下：

$$\ln MP_{it} = \alpha + \beta_1 \ln MQ_{it} + \beta_2 \ln MC_{it} + \beta_3 \ln BP_{it} + \beta_4 \ln Y_{it}$$
$$+ \beta_5 \ln PMC_{it} + \beta_6 GP_{it} + \varepsilon_i$$

其中，MP_{it} 表示我国不同区域第 t 年羊肉市场价格，MQ_{it} 表示不同区域第 t 年羊肉产量，MC_{it} 表示不同区域第 t 年肉羊养殖成本，BP_{it} 表示不同区域第 t 年牛肉市场价格，Y_{it} 表示不同区域第 t 年的居民人均收入，PMC_{it} 表示不同区域第 t 年人均羊肉消费量，GP_{it} 表示禁牧政策，虚拟变量，α 为常数项，β_i 为待估参数，ε_i 为随机扰动项。

模型分析中所运用的数据是各区域面板数据，在处理面板数据时，本文通过 Hausman 检验，选择固定效应模型进行分析。并进一步对数据进行单位根平稳性检验与变量间的协整检验，选取变截距固定效应估计方式，对各区域面板数据进行回归分析。

4.2　实证结果与分析

4.2.1　面板单位根检验及协整检验

本文选取 LLC 检验对面板数据做单位根检验，原假设均为存在单位

表3　变量统计性描述

符号	变量名	单位	均值			方差			最小值			最大值		
			中原区	中东部	西北区	中原区	中东部	西北区	中原区	中东部	西北区	中原区	中东部	西北区
MP	羊肉价格	元/千克	26.22	26.51	24.13	11.43	11.81	9.29	13.45	13.61	11.99	49.81	47.56	43.66
MQ	羊肉产量	万吨	30.57	193.13	21.61	5.36	190.86	21.06	22.62	3.48	3.31	46.66	471.07	62.36
MC	肉羊养殖成本	元	420.46	434.21	512.15	224.29	223.15	227.86	114.95	118.73	86.91	841.37	786.41	966.65
PMC	人均羊肉消费量	千克	3.56	1.94	12.23	0.63	0.94	9.36	2.53	0.84	0.91	4.97	3.39	30.42
Y	居民人均可支配收入	元	8578.91	8945.09	7145.12	4291.71	4171.16	3468.66	2852.22	3711.83	1378.20	19609.54	18287.50	14742.60
BP	牛肉市场价格	元/千克	24.42	25.90	16.93	10.56	11.51	13.22	11.91	12.67	1.48	42.41	45.27	40.51
GP	禁牧政策	—	0.67	0.67	0.67	0.48	0.48	0.48	0.00	0.00	0.00	1.00	1.00	1.00

根，序列非平稳。从检验结果看，中原优势区的 $\ln MQ$、$\ln BP$ 为非平稳序列，中东部农牧交错带优势区的 $\ln MP$、$\ln MQ$、$\ln MC$、$\ln BP$ 为非平稳序列，西北优势区的 $\ln MC$、$\ln Y$、$\ln BP$ 为非平稳序列，但其一阶差分形式均为平稳序列，且均通过显著性水平检验，具备了平稳性，可以对其进行协整检验。

为使回归结果更为准确，本文选取 Kao 检验法对面板数据进行协整检验，原假设 H_0 均为变量间不存在协整关系。从检验结果看，不同区域变量均在 1% 的水平上显著，故拒绝原假设，即认为各区域变量间存在协整关系。在此基础上对原方程进行回归，回归结果具有较好的经济学解释意义。

4.2.2　参数估计

从模型估计整体结果（见表 4）看，中原优势区、中东部农牧交错带优势区和西北优势区 3 个模型的拟合效果均较好，调整后的 R^2 分别为 0.987、0.983 和 0.960。

表 4　　　　　　　　　　　　模型估计结果

变量名	中原优势区	中东部农牧交错带优势区	西北优势区
$\ln MC$	0.285 *** (−0.027 2)	0.436 *** (−0.003 6)	0.293 ** (−0.049 2)
$\ln MQ$	0.249 (−0.410)	−0.205 * (−0.020 1)	−1.185 ** (−0.174)
$\ln PMC$	−0.544 (−0.552)	0.014 1 (−0.062 1)	0.844 * (−0.220)
$\ln Y$	−0.181 ** (−0.039 9)	−0.221 (−0.057 1)	0.029 4 (−0.116)
$\ln BP$	0.877 *** (−0.036 5)	0.794 *** (−0.000 9)	0.755 * (−0.177)
GP	−0.116 * (−0.031 2)	−0.040 5 (−0.028 4)	0.070 1 (−0.037 5)
C	0.300 (−0.775)	0.937 (−0.428)	0.635 (−0.768)
修正的 R^2	0.987	0.983	0.960

注：***、**、* 分别表示在 1%、5%、10% 统计检验水平上显著；括号内为标准误。

三大优势区肉羊养殖成本均对羊肉市场价格有重要影响，且均通过显著性检验水平。其中，中原优势区和中东部农牧交错带优势区在1%的水平上显著，西北优势区在5%的水平上显著。在中原优势区，当肉羊养殖成本上涨1个百分点时，区域羊肉市场价格上涨0.29%；在中东部农牧交错带优势区，当肉羊养殖成本上涨1个百分点时，区域羊肉市场价格上涨0.44%；在西北优势区，当肉羊养殖成本上涨1个百分点时，区域羊肉市场价格上涨0.29%。中原优势区与西北优势区羊肉市场价格受肉羊养殖成本的影响程度较一致，而中东部农牧交错带优势区肉羊养殖成本对区域羊肉市场价格的影响是中原优势区和西北优势区的1.52倍。可能原因是资源禀赋差异，中东部农牧交错带优势区主要发展农牧结合型养羊业，但该地区农作物秸秆利用率较低，增加了肉羊养殖饲料成本，同时该区域气候寒冷，羊羔越冬困难，对棚圈建设要求较高，对肉羊养殖饲料配方技术及精饲料补饲增产配套技术需求进一步增加，使肉羊养殖配套设施成本提高，从而使肉羊养殖成本对羊肉市场价格影响程度更大。

不同区域羊肉产量对羊肉市场价格产生不同影响。其中，中东部农牧交错带优势区和西北优势区羊肉产量对区域羊肉市场价格产生显著负向影响，分别在10%和5%水平上显著，而中原优势区羊肉产量对市场价格没有显著影响。在中东部农牧交错带优势区，当区域羊肉产量增加1个百分点时，区域羊肉市场价格降低0.21%；在西北优势区，当区域羊肉产量增加1个百分点时，区域羊肉市场价格降低1.19%。西北优势区羊肉市场价格受产量变化的影响是中东部农牧交错带优势区的5.78倍。可能原因是中原优势区产业发展优势明显，肉羊加工企业较多，加工能力较强，从而提高了羊肉产品附加值，使其产量与价格呈正相关关系，且距南北各大城市消费市场较近，运销便捷，主要向大中城市提供优质羊肉产品，故羊肉产量对市场价格影响不甚明显。而西北优势区受消费文化差异与民族特色等因素影响，其产量对价格影响程度较大。

不同区域人均羊肉消费量对羊肉市场价格影响不同。其中，中原优势区与中东部农牧交错带优势区影响不显著，西北优势区在 10% 的水平上显著，当人均消费量上涨 1 个百分点时，羊肉市场价格上涨 0.84%。主要原因是中原优势区与中东部农牧交错带优势区消费群体类型较多，不仅限于当地居民消费需求，而西北优势区清真产品居多，当地居民是主要消费群体。且中原优势区人均羊肉消费量与羊肉市场价格呈负相关关系，与预判结果不一致，主要与市场供求状况有关。

不同区域居民人均可支配收入对羊肉市场价格产生不同影响。其中，中原优势区居民人均可支配收入对羊肉市场价格有显著负向影响，居民人均可支配收入每上升 1%，羊肉市场价格下降 0.18%，而中东部农牧交错带优势区与西北优势区影响不显著。主要与不同地区消费者的消费行为与消费习惯有关。

不同区域牛肉市场价格对羊肉市场价格产生不同影响。其中，三大优势区牛肉市场价格均对羊肉市场价格有显著正向影响，中原优势区与中东部农牧交错带优势区在 1% 的水平上显著，西北优势区在 10% 的水平上显著，符合预判结果。即当牛肉市场价格上升时，羊肉需求将增加，在供给不变情况下，将拉动羊肉价格上涨。

不同区域禁牧政策的影响对羊肉市场价格影响不同，中原优势区禁牧政策对羊肉市场价格影响在 10% 的水平上显著，中东部农牧交错带优势区与西北优势区禁牧政策对羊肉市场价格影响均不显著，其中中原优势区与中东部农牧交错带优势区影响方向与预判结果不一致，这主要与区域肉羊养殖方式发展差异有关。

5. 主要研究结论

本文从时间与区域两个维度出发，基于羊肉市场月度价格与年度平均价格分析我国羊肉市场价格波动特征、波动差异及影响因素。结果表明：在时间维度上，我国羊肉市场价格呈整体波动上涨趋势，但我国羊肉市场价格稳定性较差，运行的波动性与集聚性特征明显；在空间维度上，我国肉羊区域变动受自然条件、区域经济发展水平、非农产业发展和政府政策支持力度的影响（李秉龙和李金亚，2012），从而影响羊肉价格差异变动。受运输成本等因素影响我国羊肉产地市场价格低于销地，且主产省份价格波动程度大于非主产省份。2000～2017年不同省份价格均呈波动上升趋势，但具体波动阶段性特征不一致，不同省份出现价格高峰的时间不一致，区域省份间价格割裂程度较为明显。从价格波动幅度来看，与2000年相比，30个省份羊肉价格均大幅提高，总体增长幅度较高的前10个省份中有8个是羊肉主产省份。

影响我国羊肉市场价格波动的因素主要来自供给、需求与系统外其他因素三个方面，但不同区域影响因素存在差异。本文通过运用各产区面板数据对各优势区羊肉市场价格影响因素进行回归分析，研究发现不同区域羊肉市场价格变动影响因素各不相同，且同一因素对不同区域影响程度存在差异。其中，中原优势区羊肉市场价格受肉羊养殖成本、居民可支配收入、牛肉市场价格及禁牧政策等因素影响较大；中东部农牧交错带优势区羊肉市场价格受肉羊养殖成本、羊肉产量、牛肉市场价格等因素影响较大；西北优势区羊肉市场价格受肉羊养殖成本、羊肉产量、人均羊肉消费量、牛肉市场价格等因素影响较大。

鉴于数据的限制，本文仅从三个主要优势区域层面实证分析羊肉价格波动因素影响差异，未能从主产区与非主产区影响因素差异性进行实证分析。

6. 政策建议

针对我国羊肉市场价格波动时空特征及影响因素情况，本文提出相关对策建议：首先，基于不同区域差异因素情况，要继续推进肉羊养殖区域结构优化发展。应综合考虑不同区域及省份资源优势及地区经济发展条件，明确各区域肉羊产业发展方向与重点，优化肉羊产业时空布局。其次，从具体因素来看，肉羊养殖成本因素在所有区域均为重要影响因素之一，故一方面要积极抓住"粮改饲"政策，进一步提高资源利用效率，另一方面要积极把握国家扶贫资金项目支持的机遇，将肉羊产业与扶贫相关项目有效结合，有效降低肉羊养殖成本，提高高品质羊肉的产量，实现对羊肉市场有效供给，满足消费者日益增长的羊肉需求，帮助农牧民提高养殖效益与增加养殖收入。最后，羊肉市场价格的不稳定与市场监管有重要关系，政府要进一步完善羊肉市场监管，建立羊肉供求和价格信息发布平台，及时提供正确的市场信息，一方面完善羊肉市场价格监测机构，增加对未来产业发展供求变化等因素的预测，另一方面规范羊肉市场的流通秩序。

参 考 文 献

[1] 李秉龙，李金亚. 我国肉羊产业的区域化布局、规模化经营与标准化生产 [J]. 中国畜牧杂志，2012，48（2）：56 – 58.

[2] 孙世民，冯叶，张海峰. 基于 ISM 模型的羊肉价格影响因素分析——以山东省为例 [J]. 农业技术经济，2014（8）：53 – 59.

[3] 王明利，刘玉凤，吕官旺等. 我国羊肉价格波动的周期测定及政策启示 [J]. 中国农业科技导报，2016，18（2）：182 – 191.

[4] 王士权，常倩，李秉龙. 中国羊肉市场价格动态变化及其关联效应 [J]. 北京航空航天大学学报（社会科学版），2017，30（5）：65 – 70.

[5] Griffith G R, Piggott N E. Asymmetry in beef, lamb and pork farm – retail price transmission in Australia [J]. Agr Econ, 1994（10）：307 – 316.

中国肉羊产业品牌建设研究*

摘要：当前，我国肉羊产业品牌化发展已经取得了一定成效，具体表现为：企业品牌逐渐增多，绿色羊肉产量不断提升，涌现出一批市场竞争力较强、消费者喜爱程度较高的企业名牌，主要分布在西北和中部地区；地理标志品牌认证数量近年来稳步增长，以羊品牌为主，主要分布在西北和中东部。目前肉羊产品品牌建设中主要存在的问题包括：企业品牌竞争力较弱、地理标志品牌影响力较弱和保护力度较弱。未来，政府、企业及行业协会需着力健全品牌发展保护体系、加强产品品质管控、优化品牌经营模式、做好品牌宣传及监督工作等。

关键词：肉羊产业；企业品牌；地理标志品牌；对策建议

1. 引言

　　我国是世界上最大的羊肉生产国和消费国。2011～2020年，我国羊出栏从2.6亿只上升至3.2亿只，增长了21.8%，年均增长率达到2.2%；羊肉产量整体呈从398.0万吨增长至492.0万吨，增长了20.1%，年均增长率为2.1%。与此同时，随着我国城乡居民收入水平不断提高，消费结构不断完善，羊肉需求整体提高。2011～2020年，我国居民人均户内羊肉消费量总量增长了28.6%。① 随着全球化的发展，我国

---

　　* 本部分作者为韩丽敏、潘丽莎、郑爽玉和李军。
　　① 资料来源：2012～2021年《中国统计年鉴》。

羊肉产品进口规模进一步扩大，但出口规模有所缩减，2020 年中国羊肉进口量占世界羊肉总进口量的 33.5%，但出口量仅占 0.2% 左右，[①] 说明我国羊肉市场发展潜力大，但国产羊肉产品竞争力相对较弱。

面对品种繁多且质量难以保障的畜产品，消费者需要识别、选择信息越来越多，而品牌是信息不对称下消费者识别产品质量的重要标志，消费者利用品牌进行信息收集，择优决策，可以大大降低选择成本。品牌还可以成为企业使消费者产生信任度和追随度，形成品牌美誉度，从而降低产品推介成本的有效工具。我国羊肉产品存在同质性较强、产品种类单一以及"掺假羊肉"等问题，难以满足消费者对产品质量有保障、多样化、高品质的需求。大力推动羊品牌化有助于提升羊肉产品质量和市场竞争力，促进产业结构调整，满足不断升级的消费需求（李秉龙和董谦，2016）。本文将主要对我国羊品牌发展现状、品牌发展存在的问题以及品牌建设的思路、原则等方面进行分析，并提出切实可行的对策建议，助力羊品牌发展。

2. 我国肉羊产业品牌建设成效

我国早期的羊肉品牌多基于悠久餐饮文化形成，如百年老店东来顺等。改革开放以后，羊肉品牌得到真正发展，一大批屠宰加工企业和餐饮企业迅速成长，相继诞生了小肥羊、草原兴发等知名度较高、影响力较大的企业品牌。21 世纪以来，我国政府进一步加强了对农牧产品品牌建设的政策扶持力度，羊和羊肉品牌化进入了快速发展的时期，一大批知名企业品牌迅速成长。品牌化发展使得我国羊肉产品品类日益丰富、产品质量不断提升，在满足不同消费群体多元化消费需求的同时，也使

---

① 资料来源：trademap 数据库（https：//www.trademap.org）。

企业获得了较高的利润，尤其是对原"三品一标"（即无公害农产品、绿色食品、有机食品、农产品地理标志）农产品认证的推动，也使得我国羊肉品牌由面向大众消费为主逐步向高端消费市场拓展。

2.1 企业品牌建设成效

龙头企业的发展和羊养殖的历史文化背景都为中国羊品牌提供了较好的发展环境，一批具有地域特色和文化积淀的民族品牌逐渐涌现。伴随中国肉羊产业化的发展，一些龙头企业纷纷创建品牌，以提高市场竞争力。

从企业品牌数量与分布区域来看，近十年来中国羊肉企业品数量逐渐增多，但与猪肉、禽肉等相比，知名品牌数量整体偏少。随着羊肉生产经营企业品牌意识的增强，涌现出了诸如小肥羊、小尾羊、蒙都、涝河桥、大庄园等一批具有较强市场竞争力的企业名牌。这些企业品牌主要集中分布在我国西北和中东部地区，其中以内蒙古、宁夏、新疆、甘肃、黑龙江、吉林、山东、河南等地的羊肉企业品牌知名度较高（李秉龙，2010）。

为促进我国肉类行业品牌建设，增强肉类企业社会责任感，建立以消费者认可为导向的品牌塑造和企业发展战略，"肉类行业媒体联盟"组织开展了"十大消费者喜爱的肉类品牌"和"十大消费者尊敬的肉类企业"投票活动，以监测消费者对我国肉食品行业各个品牌的支持度和对相应企业的认可度。2015～2019 年的投票结果如表 1 所示。可以看出，2019 年受消费者喜爱的羊肉企业品牌前十名中有六个品牌来自内蒙古，分别为小肥羊、小尾羊、蒙羊、草原兴发、蒙都、额尔敦。最受消费者喜爱的十大羊肉企业品牌情况基本相同，前十名中来自内蒙古的也为小肥羊、小尾羊、蒙羊、草原兴发、蒙都和额尔敦。但总体来看，跟生猪、禽类等相比，产业竞争力强的羊肉企业较为缺乏，仅有一些规模龙头企业的品牌价值较大，具有一定市场影响力与竞争力的跨区域的企业品牌较少，国际知名品牌更少（董谦，2015）。

表1　　2015年、2017年、2019年我国最受消费者喜爱的十大羊肉企业品牌

2015年		2017年		2019年	
品牌	排名变动	品牌	排名变动	品牌	排名变动
小肥羊	↑	小肥羊	–	小肥羊	–
小尾羊	↑	小尾羊	↑	小尾羊	–
草原兴发	↓	蒙羊	↑	蒙羊	–
苏尼特	↑	草原兴发	–	草原兴发	–
大庄园	↓	苏尼特	↑	中天羊业	–
涝河桥	↓	中天羊业	↑	蒙都羊业	–
波尔旺	↓	蒙都羊业	↑	额尔敦	–
蒙都羊业	↑	草原宏宝	↑	大庄园	–
吉羊麒鸣	↑	大庄园	↓	涝河桥	–
巴口香	↑	涝河桥	↓	大材地	–

注："–"表示该品牌较上一年排名未发生变动，"↑"表示该品牌较上一年排名有所上升，"↓"表示该品牌较上一年排名有所下降。

资料来源：中国肉业网（http://www.chinameat.cn）。

从企业品牌羊肉销售市场看，近年来，我国绿色羊肉产品认证数量不断上升，绿色羊肉产量虽有波动但总体体量不大。2009~2015年我国绿色羊肉产品认证数量共587个，总产量达17.51万吨，其中2014年认证数量和产量最少，近年来有所回升。根据中国肉业网的统计，在每年的最受消费者喜爱的十大羊肉品牌统计中，内蒙古的小肥羊、小尾羊等排名都比较靠前，占据近50%的市场份额（李江鹏，2018）。

2009~2020年，我国绿色羊肉产品每年的认证数量先有所下降后增速明显，从70个增长至320个，增长了3.6倍；其中2014年为低谷，随后增长明显，2020年较2014年增长了9.7倍。绿色羊肉产品的产量波动较大，2013年为低谷，仅为1.36万吨，2018年再次出现明显下跌，此后

两年才逐渐回升。但从全国层面来说，绿色羊肉的总产量占比极低，仅为0.4%。这也进一步说明我国绿色羊肉产能的提升有待加强。

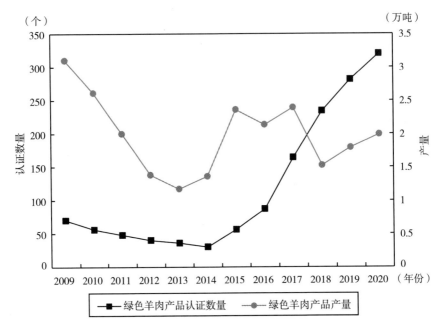

图1　2009～2020年我国年绿色羊肉产品认证变动情况

资料来源：中国绿色食品发展中心（http://www.greenfood.moa.gov.cn/）。

2.2　地理标志品牌建设成效

农产品地理标志系统的实际注册已发展多年，农产品地理标志的保护效应、增值效应和溢价效应已经初见端倪（尚旭东和李秉龙，2013）。随着各地政府和相关农业主管部门对农产品地理标志的重视，农产品地理标志也呈现出较快的发展趋势。就肉羊产业而言，目前，羊和羊肉地理标志主要由知识产权局审核认证[1]，创建主体涉及当地农牧业政府部

---

[1]　2018年之前国家质量监督检验检疫总局也是地理标志产品的审核认证单位，但因2018年国家质量监督检验检疫总局的原产地地理标志管理职责整合，组建至国家知识产权局，故2018年之后此部分的数据不再更新。

分、企业、行业协会、专业合作社等多类主体，其发展现状主要表现如下：

从地理标志品牌认证总量看，截至 2021 年，羊地理标志、羊肉地理标志的认证总量（剔除多部门重复的地理标志）共 223 个，以羊品牌认证为主，共 154 个，羊肉品牌认证相对较少，仅 69 个。按照颁发部门看，农业农村部认证的数量最多，达到 115 个，国家知识产权局次之，为 90 个。

从地理标志品牌分布区域看，羊肉认证较多的区域为中东部农牧交错带优势区和西北优势区，分别为 23 个和 28 个，共占全国总量的 73.9%；其中内蒙古、甘肃的认证数量最多，分别为 16 个和 12 个。羊认证较多的区域为西南优势区，达到 51 个，占全国羊总认证的 33.1%，其中仅四川、重庆、云南 3 个省份就有 32 个。从数据也能较为直观地看出，我国各地区羊、羊肉地理标志的认证数量与各地区肉羊产业发展水平基本相匹配，即肉羊产业发展水平高的地区羊肉地理标志认证数量就多，而西南地区羊、羊肉地理标志认证较多的原因主要在于其本身拥有的丰富良种资源①（见表 2）。

表 2　　　　中国羊、羊肉地理标志品牌地区分布数量情况一览

区域	省、区、直辖市	注册系统及数量（件）			剔除三部门重叠		
		农业农村部	国家知识产权局	原国家质量监督检验检疫总局	合计	羊	羊肉
中原优势区	河北	0	0	0	0	0	0
	山东	11	11	2	20	18	2
	河南	0	0	2	2	1	1
	湖北	3	6	2	7	5	2
	江苏	1	0	1	2	1	1
	安徽	0	2	0	2	2	0
	合计	15	19	7	33	27	6

① 资料来源：由农业农村部、国家知识产权局及国家市场监督管理总局地理标志相关公告整理。

续表

区域	省、区、直辖市	注册系统及数量（件）			剔除三部门重叠		
		农业农村部	国家知识产权局	原国家质量监督检验检疫总局	合计	羊	羊肉
中东部农牧交错带优势区	山西	10	1	1	12	6	6
	内蒙古	21	11	7	34	18	16
	辽宁	1	0	0	1	1	0
	吉林	0	1	1	1	0	1
	黑龙江	0	0	0	0	0	0
	合计	32	13	9	48	25	23
西北优势区	新疆	5	6	5	15	8	7
	甘肃	13	11	3	24	12	12
	陕西	0	3	3	4	0	4
	宁夏	4	4	1	7	2	5
	合计	22	24	12	50	22	28
西南优势区	四川	7	7	6	17	16	1
	重庆	0	9	0	9	8	1
	云南	6	5	0	10	8	2
	湖南	2	1	1	4	4	0
	贵州	6	2	5	11	11	0
	合计	21	24	12	51	47	4
其他	浙江	1	1	1	3	2	1
	福建	1	2	1	4	4	0
	江西	0	0	0	0	0	0
	广东	1	0	2	3	3	0
	广西	3	1	1	5	4	1
	海南	2	0	0	2	2	0
	西藏	2	3	3	7	5	2
	青海	14	2	1	16	12	4
	北京	0	0	0	0	0	0
	天津	0	0	0	0	0	0
	上海	1	1	0	1	1	0
	合计	25	10	9	41	33	8
合计		115	90	49	223	154	69

资料来源：由中华人民共和国农业农村部（http：//www. moa. gov. cn/，更新至2021年6月）；国家知识产权局（http：//www. cnipa. gov. cn/，更新至2021年10月）；国家市场监督管理总局（原国家质量监督检验检疫总局）（http：//samr. saic. gov. cn/，更新至2018年2月）数据整理（因2018年国家质量监督检验检疫总局的原产地地理标志管理职责整合，组建至国家知识产权局，故后续年份无国家质量监督检验检疫局此后时间段的地理产品标志认证情况）。

根据各地区资源优势和经济发展程度的不同，我国羊肉地理标志品牌区域大致归为四种类型：一是具有资源和经济双重优势的区域，如山东、四川、江苏。这些地区肉羊养殖条件优越，山东地属沿海经济发达地区，四川是西部大开发重点发展的省份，江苏经济实力也较强，经济发达能为羊肉地理标志品牌发展提供充足的资金保障。二是具有一定资源优势，但整体生产优势一般的地区，如湖北、山西。三是资源与经济发展水平互补的中等地区，这些地区有的虽然肉羊养殖的自然资源条件不够好，但经济非常发达，如浙江；有的虽然经济不发达，但自然地理条件优越、人文历史悠久，羊肉地理标志品牌形成具有特色优势，如陕西、云南、甘肃、内蒙古、新疆、宁夏。四是资源脆弱与经济发展比较落后地区，如青海（董谦，2015）。

3. 我国肉羊产业品牌建设存在问题

3.1　企业品牌竞争力弱

我国羊肉企业产品附加值低，企业管理者品牌经营意识有待提高，企业品牌化战略缺失，导致品牌溢价能力有限，市场竞争力较弱。例如，内蒙古牧区的屠宰加工企业认为本地的羊肉已达到纯天然、无污染、有机绿色食品标准，地理标志品牌价值要高于其他地方的羊肉。由于生产成本高，羊肉价格自然也高。但对于普通消费者而言，草原羊肉的替代性较强，消费者更偏向于选择价格更低的育肥羊肉、进口羊肉或者其他肉类。

3.2　地理标志品牌影响力较弱

与企业品牌相比，虽然羊肉地理标志使用企业和当地政府部门也投入了较多的人、财、物强化品牌建设，但多数在原产地具有较高知名度的羊肉地理标志品牌的影响力相对较小（李秉龙和尚旭东，2013）。同时，受制于产品单一、羊肉精细化加工及副产品开发能力不足和未集中持续开展品牌推广活动等因素，本地肉以口碑形式来传播和提高知名度。如乌珠穆沁羊肉和苏尼特羊肉这两个内蒙古羊肉地理标志品牌，羊肉品质高，是小肥羊等多家羊肉加工餐饮企业的原料用肉，但其市场知名度与小肥羊等企业品牌相比差距较大。

3.3 地理标志品牌保护较弱

地理标志品牌确实提升了产品的知名度和附加值，但总体来说，品牌知名度不高，品牌效应尚未得到充分发挥，羊肉产品市场仍主要分布在周边省市，在全国市场的竞争力和影响力相对薄弱，品牌建设亟待突围。此外，在以往的三个部门的交叉管理下，品牌保护较弱，又因为地理标志具有公共产品的属性，使得一些追求高利润的羊肉生产经营者生产销售假冒伪劣产品等事件屡见不鲜；而且由于地理标志使用企业之间存在"搭便车"行为，导致由于个别企业生产销售品质差的地理标志羊肉产品，而使整个区域羊肉产品地理标志品牌形象受损的现象时有发生，即"株连效应"和"搭载效应"使羊肉地理标志品牌形象受损（李秉龙等，2011）。例如，在内蒙古地区，由于缺乏优势品牌的包装、保护及利用，致使一些不法分子纷纷打出冒牌的内蒙古牛羊肉而混淆市场，损害了内蒙古牛羊肉的良好声誉。

4. 推动肉羊产业品牌建设对策建议

4.1 品牌建设思路与原则

总体来看，未来肉羊产业品牌建设的原则应该围绕以下五点原则：

（1）市场导向原则。立足和适应市场多样化、优质化的需求，着眼于国内国际两个市场，选择市场前景广阔、生产潜力巨大、商品率高、市场需求针对性强的产品类型。（2）创新支撑原则。加快生产要素组合方式创新、畜牧业科技创新步伐，以科技进步来保障和培育我国肉羊产业核心竞争力，形成在国内、国际市场均具有竞争力的品牌。（3）标准化体系建设原则。企业和地理标志品牌创建必须以优质的畜产品质量为基础，有助于赢得更好的市场知名度和美誉度。羊肉品牌发展过程中，政府必须主导建立完整的涵盖育种、育肥、屠宰加工、餐饮消费等全产业链环节的质量认证标准、产品评价标准、市场准入标准等标准体系。（4）自然资源可持续原则。羊品牌发展过程中，必须注意自然生态的保护，避免资源过度消耗，并且生态环境的恶化将造成产品质量下降。（5）文化依托原则。羊肉品牌，尤其是地理标志品牌发展应以区域文化底蕴为基础，充分挖掘区域传统文化内涵、历史底蕴，凸显品牌核心价值，赢得消费者的信任与青睐。

围绕上述建设原则，未来肉羊产业品牌建设的思路可以概括为：（1）肉羊企业品牌建设应该以科学发展观为统领，以畜牧业增效、企业利润最大化、品牌美誉度提升为目标，坚持市场导向、政府引导、企业主体运营的方式，坚持以科技促创新、以差异化求发展、以消费者需求为方向的方针，加快培育一批需求细分、差异明显、基于产业链关键环节快速发展的龙头企业品牌，打造现代畜牧业产业链，做大做强我国畜牧企业。（2）肉羊地理标志品牌发展应该以科学发展观为统领，以畜牧业增效、养殖户增收为目标，采取地方政府主导、龙头企业执行、行业协会运营的方式，坚持统筹发展战略要求和按比较优势布局、按消费者需求布局的方针，立足产业整体开发，合理配置畜牧业生产要素，把区域优势转化为竞争优势，加快培育一批特色明显、类型多样、竞争力强的地理标识知名品牌，打造现代区域特色产业链，做大做强特色区域畜产品产业，积极拓展国内外市场，为我国畜牧业产业发展提供强大动力。

4.2 对策建议

针对上述提出的肉羊产品品牌建设存在的问题，围绕未来产业品牌发展的原则和思路，认为可以从政府、企业和行业协会三个角度凝聚力量，进一步推动肉羊产业品牌战略的实施，助推产业高质量发展，提升产业发展竞争力。

4.2.1 政府角度

（1）建立健全肉羊品牌发展政策保护支持体系，增强羊肉品牌发展的动力。第一，健全羊肉品牌保护相关政策法规。通过不断完善草原生态保护补助奖励政策、肉羊标准化建设和制定肉羊优势区域发展规划，为品牌羊肉产品基地建设和品质保障奠定基础；通过中央和地方政府制定地理标志羊肉产品保护规定和管理办法，为地理标志品牌羊肉发展提供法律保障和指导。第二，健全羊肉品牌发展金融扶持。通过政府担保贴息，利用政策性金融工具提供的有偿资金，为羊肉品牌发展提供政策保证。第三，健全羊肉品牌税收优惠政策。对于创建和发展羊肉品牌的企业，政府应通过实施税收优惠、减免所得税等措施，调动企业培育和经营羊肉品牌的积极性。

（2）改革肉羊产业品牌组织管理机构机制，保障羊肉品牌的有效管理与实施。第一，逐步构建同一农产品地理标志认证体系。尝试对现阶段两部门分权管理进行改革，组建新的农产品地理标志审批与保护机构，实现由分权向单一部门管理转变，以实现对羊肉地理标志在同一体系下的有效管理。第二，建立羊肉企业品牌与区域品牌互动发展机制。探究区域品牌伞下的企业品牌联合等企业品牌与区域品牌互动模式，有助于使企业品牌更好地借力区域品牌，进而促进区域品牌的发展。

（3）加强对品牌羊肉产品的质量安全控制与监管，确保产品品质。

第一，加强对品牌羊肉相关质量标准及认证体系的建设。在质量安全控制上，加强对 ISO9000、ISO1400、ISO18000、ISO22000 以及良好操作规范等的认证和管理，完善"三品一标"认证体系，通过强化认证体系，全面提升品牌羊肉的生产管理水平和质量安全等级。第二，加强品牌羊肉质量安全监管体系建设。政府应通过建立覆盖养殖、屠宰加工、制品加工、冷链物流、终端销售各环节的全过程质量控制体系、质量追溯与召回机制，加强对品牌羊肉的质量安全监管。第三，加强品牌羊肉质量风险评估预警机制建设。通过强化应急处置机制建设，应对突发品牌羊肉食品安全危机事件，以降低羊肉品牌经营的风险。

（4）扶持龙头企业、规模养殖户和肉羊行业协会的发展，发挥其示范带动作用。第一，加强对龙头企业和养殖大户的扶持和培育，可以通过新建、扩建、购并、联合等方式培育一批产业化基础好、辐射带动能力强、经济效益好、品牌信誉高的龙头企业，通过推进养殖小区和规模养殖场建设扶持规模养殖户发展。依托龙头企业和规模养殖户带动小农户，形成以利益为纽带、以品牌为载体的联结机制，降低双方交易成本，实现规模效益。第二，加大对肉羊行业协会发展的扶持。肉羊行业协会能够克服企业弊端，注重共享羊肉品牌建设利益主体诉求冲突条件下的协同机制和竞争机制建设，在羊肉品牌化建设中发挥重要的协调服务作用。

4.2.2　企业角度

（1）准确进行品牌定位，明确品牌建设方向。品牌定位是品牌形象塑造的基础，也是品牌建设的根本。精准的品牌定位源自深入的产品分析、市场细分与消费者研究。品牌定位应根据不同年龄段的需求，做好市场细分，从产品特征、文化理念和竞争导向三个方面进行。企业可以根据羊肉产品的品种特性、产地特性、技术特性等进行羊肉品牌的差异化定位；也可以结合传统的"羊文化"历史对羊肉品牌进行精神和情感层面的定位；还可以针对一定区域内不同羊肉品牌的竞争导向，采取做行业"领头羊"、依附强势竞争者或填补市场空缺的策略找准企业定位。

（2）塑造品牌文化，提升品牌竞争力。一个成功的品牌不仅要获得消费者的认知，还要营造一种文化氛围，使消费者长久地凝聚在品牌周围，最终形成消费者对品牌的归属感。塑造羊肉品牌文化，可以从以下三个方面进行：第一，依托企业所在地域的传统历史文化，如草原文化、清真文化、餐饮文化、人文历史文化等创建富有本土化的品牌；第二，在企业与品牌发展过程中逐渐形成自己独特的文化价值理念，如和善、包容、诚信、责任等富有鲜明个性的品牌文化；第三，根据不同地域不同消费者的传统消费习惯塑造品牌文化，每个民族都有自己独特的文化个性，有特定的心理性格、风俗习惯、道德风尚、宗教信仰、价值观念和行为方式，在羊肉品牌文化塑造上应重视品牌文化的民族性。

（3）改善品牌企业经营模式，提高产品品牌化效应。对于屠宰加工企业，可以适当改善现有经营模式，尝试发展"公司＋基地＋农户""公司＋合作社＋农户"等合作经营模式，既有助于农户自觉提高产品质量，从源头上保证品牌羊肉的品质，又有助于实现企业的规模化生产。对于餐饮企业，实施直营连锁和连锁加盟相结合的模式能更好地凸显品牌化效应，在羊肉餐饮品牌发展的不同时期企业对两种模式的选择要有所侧重。尤其是在采用连锁加盟模式时，餐饮企业应注重加强店面形象设计和服务管理，有助于提升消费者对餐饮品牌羊肉的顾客满意和品牌餐饮企业的发展。

（4）增强养殖加工技术的研发和推广，提升产品品质和差异化。企业应进一步加大对技术环节研发和推广的投入力度。在养殖环节要注重提高肉羊繁育、饲养、饲草料生产、育肥、羊舍建设和羊病防治等技术水平，推广时注重农户对新的养殖技术采用的意愿，从源头上保障品牌羊肉的品质。加工环节要注重提高屠宰加工企业的精深加工水平，促进标准化生产，且应注重标准化加工技术与中国羊肉消费方式的融合，以实现品牌羊肉产品分级，提高品牌附加值。销售环节企业应注重网络信息技术与冷链物流技术的同步发展，以实现品牌羊肉销售上的差异化。

（5）做好品牌维护，树立良好的品牌形象。外部环境的变化或企业品牌运营管理过程中的失误会导致品牌形象受损和价值降低。羊肉生产经营企业，尤其是龙头企业要有品牌保护和危机意识，建立品牌危机预警和应对机制，保证品牌的稳定发展。在销售上，加大品牌营销推介，积极利用农业展会、产销对接等平台，充分利用现代网络营销手段，加强与电商、商超等主体合作，线上线下融合，不断提升我国羊肉品牌知名度、美誉度和影响力。

4.2.3　行业协会角度

（1）畜牧业相关行业协会应加强服务力度，拓展服务范围。第一，行业协会应及时向政府反映会员企业的要求和意愿，并协调有关政府部门解决会员企业生产、经营中出现的问题，如推广先进经验和实用技术，举办经常性技术和管理培训、配合政府有关部门进行肉羊产品的质量监督等。第二，行业协会可以结合会员企业的实际发展情况，有针对性地协助政府制定地理标志畜牧产品产业发展规划；配合各地政府打造宣传地理标志畜产品品牌；协助各地政府规范行业法规标准，开展会员企业内部质量监督，加强食品卫生安全法的学习和约束行业内不正当竞争。第三，行业协会可以为会员企业提供从技术培训、市场信息、交流合作、品牌宣传等全方位的服务，并在产品质量、行业法规、标准、政策执行力度等方面监管企业和农户的行为，从源头上保证畜产品的品质，使企业更好地参与国内、国际市场竞争。

（2）消费者协会应提高消费者维权意识和权益保护。消费者协会应加强对消费者维权途径和方法的教育，并积极受理消费者在品牌畜产品消费中的投诉，以提高消费者的维权意识和权益保护，不仅有助于避免低质量畜产品驱逐高质量品牌畜产品的"柠檬市场"出现，而且还有助

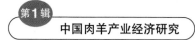

于通过消费者维权起到间接对品牌畜产品质量监管的作用。

[1] 董谦. 中国羊肉品牌化及其效应研究 [D]. 北京：中国农业大学，2015.

[2] 李秉龙. 中国肉羊产业经济发展特征、存在问题与政策建议分析 [C]. 中国畜牧业协会、全国畜牧总站、国家绒毛用羊产业技术体系，2010.

[3] 李秉龙，董谦. 中国羊肉品牌化及其效应研究 [M]. 北京：中国农业科学技术出版社，2016.

[4] 李秉龙，尚旭东. 中国农产品地理标志运行机制研究 以四川简阳羊肉为例 [M]. 北京：中国农业科学技术出版社，2013.

[5] 李秉龙，时悦，郝亚玮. 中国肉羊产业集聚与其地理标志保护 [M]. 北京：中国农业科学技术出版社，2011.

[6] 李江鹏. 我国肉羊产业品牌发展研究 [J]. 当代畜牧，2018 (21)：66 - 69.

[7] 尚旭东，李秉龙. 我国农产品地理标志发展运行特征、趋势与问题——基于农业部、质检总局、工商总局的分析 [J]. 生态经济，2013 (4)：92 - 97，120.

专题三

肉羊产业政策

中国肉羊产业支持政策实施概况及政策优化*

摘要： 改革开放以来，我国畜牧业发展经历了快速增长、调整优化和转变提升三个阶段，实现了从数量型向质量效益型的转变，在这过程中，国家颁布实施了一系列产业支持政策和行业法律法规，以促进畜牧业良种普及，提升产业发展的标准化、规模化、机械化水平。现阶段肉羊产业政策主要包括良种补贴、生产机械购置补贴、标准化规模化建设补贴、动物防疫补贴、产业保险支持、草原生态保护补助奖励等政策。当前肉羊产业支持政策体系还存在部分政策覆盖范围太窄、财政资金支持不足、政策配套措施建设不完善等问题。未来，产业支持政策需要从适当提高政策覆盖面和优惠范围、加大财政资金扶持力度、加强产业基础设施建设和保障制度建设等方面进行优化。

关键词： 肉羊产业；支持政策；发展历程；效果；优化

1. 引言

改革开放以来，中国肉羊产业不断发展，目前中国已经成为世界上羊存栏量、出栏量和羊肉产量最多的国家，是世界上养羊大国和羊肉消费大国。随着产业发展活力得到不断释放，肉羊养殖者的积极性不断提

---

* 本部分作者为甘春艳、郑佳和李军。

高，专业化养羊公司、养羊大户、养羊合作社、散户等多元化经营主体蓬勃发展，肉羊产业的发展形式和内容也不断丰富。产业的发展离不开政策的支持。作为财政收入的再分配，畜牧业支持政策在直接或间接促进农牧民增收方面发挥了不可替代的作用，尤其是在国内外大环境不断变化的背景下，畜牧业支持政策的目标与关注点也会随之变化。回顾改革开放以来我国肉羊产业发展的历史演变和经验，能够为肉羊产业的未来发展提供历史经验和借鉴。因此，本文在概述我国畜牧业产业发展背景和历程并总结各发展阶段主要特点的基础上，从宏观层面重点分析现阶段我国肉羊产业主要支持政策的发展历程、实施效果，指出现阶段支持政策体系存在的问题，最后提出优化路径。

2. 改革开放以来中国畜牧业发展历程

改革开放以来，中国畜牧业发展迅猛，实现了量与质的双重飞跃。从发展历程来看，大致可以分为快速增长、调整优化和转变提升三个阶段。从数据上看，1980～2020 年，畜牧业产值从 354.2 亿元增长至 40266.7 亿元，年均增长 12.6%，比农林牧渔总产值的年均增速高出 1.3 个百分点；畜牧业产值在农林牧渔业总产值中所占比重也从 18.4% 增长至 29.2%，2008 年更是达到了 35.4%；四十年间，肉类产量增长 5.4 倍，牛奶产量增长 29.2 倍，禽蛋产量增长 11.3 倍（与 1982 年相比）[①]。与此同时，居民对畜产品的消费需求也不断提升，猪肉表观消费量[②]增长了 3.3 倍，牛肉和羊肉分别增长了 32.5 倍和 10.9 倍。

---

① 资料来源：国家统计局—国民经济核算指标、畜产品产量指标（https://data. stats. gov. cn/easyquery. htm? cn = C01）。

② 表观消费量 = 国内产量 + 进口量 – 出口量；基于数据可得性和时间上的连续性选取了国家统计局和 FAOSTAT 数据进行整理计算。

2.1 快速增长阶段（1978～1996 年）

2.1.1 发展背景

中华人民共和国成立后，我国相继颁布了禁宰耕畜、奖励繁殖、防治兽疫等一系列政策措施，畜牧生产逐步恢复并取得一定的发展。但是，这阶段我国人均一年肉食量不到 10 千克，而同一时期的美国已超过 100 千克，英国、法国等也都在 50 千克以上（魏世恩和许宗望，1978）。党的十一届三中全会后，我国工作重点逐渐转移到社会主义现代化建设上来。当时，我国仍处于物资短缺和经济欠发达的阶段，农业发展水平不高，畜牧业生产力水平较低，发展缓慢，农畜产品供给不足，品种也较为单一。

1984 年，我国开始实施农产品流通体制和价格体制改革，农副产品统购派购制度被取消，实行"随行就市、按质论价"。流通体制的改革打破了国营垄断的局面，市场在畜牧业发展中发挥越来越重要的资源配置作用。1992 年，党的十四大提出建立社会主义市场经济体制，我国农村改革也开始向市场经济转轨，农产品"买方市场"特征逐渐显现，居民在满足食品基本消费需求后对"名、特、优"产品的需求有所增长。

总的来说，这一阶段我国畜牧业在经历快速恢复生产、畜产品供给紧缺的压力有所缓解之后逐渐形成了一系列有利于畜牧业发展的社会环境和市场条件，随后中国畜产品初步实现了畜产品供求基本平衡的历史性跨越，奠定了畜牧业的农业支柱产业地位。

2.1.2 主要政策导向

1978 年以来，随着家庭联产承包责任制的推行和市场经济改革的逐步深化，畜牧业进入飞速发展阶段，焕发出巨大的生机与活力。在畜产品严重供不应求的背景下，畜牧业政策的主要目的在于提高畜产品的产量，以此来满足城乡居民日益增长的对畜产品的需求，最终实现畜产品的供求平衡。1979年，党的十一届四中全会通过了《中共中央关于加快农业发展若干问题的决定》，鼓励家庭养畜和大家畜的养殖。随着家庭联产承包责任制和草畜双承包责任制推行范围的进一步扩大，养殖户拥有了更多的生产经营自主权，生产热情高涨，农牧区的畜牧业活力得到有效激发。为了尽快恢复生产，保障城乡居民对畜产品消费的基本需求，成为发展畜牧业的重点，所以国家提出要在农区和牧区大力发展畜牧业，"鼓励社员家庭养猪养牛养羊，积极发展集体养猪养牛养羊"，"提高畜牧业在农业中的比重，提高肉蛋奶业在食物中的比重"。① 生产体制的改革加快了畜牧业的发展，1980年我国第一个牧工商联合企业诞生，到1984年前后已经发展到600多家。

1984年，我国开始实施农产品流通体制和价格体制改革，部分农副产品开始走向自由流通。1985年出台的《关于进一步活跃农村经济的十项政策》中明确要逐步取消生猪派购，实行"随行就市、按质论价"。流通体制的改革打破了国营格局，市场在畜牧业发展中发挥越来越重要的资源配置作用，畜牧业进入快速扩产阶段。1988年，为缓解副食品供应偏紧的压力，原农业部提出建设"菜篮子工程"，建立了一批中央和地方的肉蛋奶生产基地和服务体系，这极大地促进了畜牧业商品化、专业化和社会化发展。在计划经济体制向市场经济体制转变的过程中，畜牧业发展中市场的基础性作用进一步增强，党和政府对畜牧业方面的政策支持也进一步明晰，强调要"扶持养殖专业户、专业村，并在一定区域内逐步建立和健全养殖户配套的商品生产服务环节"，涌现了一批养殖大户、畜牧业龙头企业、养殖专业合作社，产加销一体化的经营模式进一步推广，为后来我国畜牧业产业化经营奠定了重要基础。与此同时，这一阶段在农业部提出建设"菜篮子工程"后，一批中央和地方的肉蛋奶

---

① 参见1980年国务院批转农业部《关于加速发展畜牧业的报告》。

生产基地和服务体系得到有效发展，不仅有效缓解了农副食品供应偏紧的压力，更极大地促进了畜牧业商品化、专业化和社会化发展（刘刚等，2018）。1993 年，党的十四届三中全会通过了《中共中央关于建立社会主义市场经济体制若干问题的决定》，标志着我国进入了工业化发展的阶段；同年颁布的《农业法》明确指出："国家财政每年对农业总投入的增长幅度应高于国家财政收入的增长幅度"，此后我国农业财政支出显著增加。

2.1.3 政策效果

在政策方针的指引下，我国畜牧业发展进入了新的发展时期，到 20 世纪 90 年代中期，我国主要畜产品发展态势较为理想，畜牧业生产水平全面上升，初步实现了畜产品供求基本平衡的历史性跨越。1996 年，全国畜牧业产值达 7083 亿元，占农业产值的比重达 26.9%，比 1978 年提高 11.9%；大牲畜年底存栏数达 16649.5 万头，猪年末存栏数达到 45735.7 万头，分别较 1979 年提高 77.2% 和 51.8%，肉类增加了四倍多，总产量达 4584 万吨。① 同时，畜牧兽医科研、教育事业也得到了较快发展，畜禽出栏率和良种率大幅提高。1996 年，猪、牛和羊的出栏率分别为 119.2%、27.6% 和 70.2%，分别比 1978 年提高了 64%、23% 和 54%；猪、肉牛、奶牛、羊、蛋鸡的良种覆盖率分别为 90%、30%、60%、55% 和 70%（徐雪高，2011）。1983～1988 年，全国范围建成畜禽产品生产基地共计 556 个，其中商品瘦肉猪基地 226 个，商品牛基地 72 个，细毛羊和半细毛羊基地 51 个，禽蛋、禽肉基地 14 个，奶山羊、肉羊、肉兔等其他特种畜产品基地 153 个（李瑾，2010）。

此外，由于当时人均粮食占有量低，耗粮少的养禽业及草食家畜有

---

① 资料来源：国家统计局—国民经济核算、牲畜饲养、牲畜出栏、畜产品产量指标（https://data.stats.gov.cn/easyquery.htm?cn=C01）。

了很大发展，而且随着人民生活水平的提高，对猪肉以外的畜产品需求也明显增加，进一步促进了养禽业及草食家畜的发展。从饲养量看，1978～1996 年，牛、羊年末存栏数分别增长了 97.7% 和 78.5%，而猪仅增加了 51.8%；1985～1996 年，猪肉在肉类总产量的比重从 85.9% 下降到 68.9%，而禽肉比重从 8.3% 上升到 18.2%，牛羊肉比重从 5.5% 上升到 12.4%。[①]

2.2　调整优化阶段（1997～2006 年）

2.2.1　发展背景

经过快速发展阶段，我国主要畜产品在供给总量上基本满足了市场新需求，同时丰年有余，但是畜牧业发展过快也带来了一定的结构性、区域性问题。例如，为了解决前期"吃不饱"的问题，一味追求产量增长，出现了化肥、农药、激素等过量使用的情况，食品安全问题频发。随着经济的不断发展、市场的放开和扩大，让消费者的观念从"吃得饱"转为"吃得好"，对肉类产品的选择趋于个性化和优质化。与此同时，随着贸易全球化进程不断加快，国际市场的进入导致国内肉类产品市场的竞争越来越激烈；而由化学农业导致的环境问题所带来的贸易规制又进一步降低肉类食品的出口优势。在各方面的压力下，畜牧业的发展必须对产品结构做出调整，优化生产布局，提高畜产品的质量。

总的来说，这一阶段我国畜牧业生产不再是仅仅追求产量的增长，也开始追求质量的进步，宏观调控手段逐步加强，畜产品产量增速有所下降，产业发展整体较为稳定。

---

① 资料来源：国家统计局—牲畜饲养、畜产品产量指标（https://data. stats. gov. cn/easyquery. htm? cn = C01）。

2.2.2 主要政策导向

1998 年，党的十五届三中全会审议通过《中共中央关于农业和农村工作若干重大问题的决定》，提出"要及时把畜牧业放到更加重要的位置……积极发展牧区畜牧业，加快发展农区畜牧业……稳定发展生猪生产，突出发展草食型、节粮型畜禽业"，通过实施一系列扩张性的财政政策，大规模投资农业基础设施建设和生态环境建设，畜牧业逐渐进入转型发展阶段。1999 年国务院办公厅转发了《关于加快畜牧业发展的意见》，对不同畜种畜产品的生产要求与生产目标都作了清晰的指引，同时提出要优化畜牧业生产布局，要稳定猪、禽、蛋的发展，加快牛羊肉生产发展，突出奶制品和羊毛生产发展，大力调整和优化畜牧业结构和布局，推动畜禽养殖规模化、集约化发展水平，提高畜产品质量安全和生产效益。该文件的出台标志着我国畜牧业开始逐步由数量增长型向质量增长型转变（徐雪高等，2011）。但与此同时，畜牧业在快速发展的过程中也出现了环境污染日益严重及产品质量安全问题。为了落实中共中央、国务院关于加强农业质量标准体系建设的要求，农业部、财政部从 1999 年起实施农业行业标准制定和修订专项计划，每年制定 80 余项行业标准，对畜产品质量监管起了重要作用。畜牧业逐渐进入转型发展阶段。例如，2001 年，农业部根据资源优化和市场需求的配置要求，提出了更加明确的畜牧业结构调整的方向；针对畜禽饲养过程中的药物滥用、药物残留超标、动物疫病防治等问题，启动了"无公害食品行动计划"；2004 年，农业部发布了《关于推进畜禽现代化养殖方式的指导意见》，加大畜牧业结构调整力度。

在这一时期，农业税费改革也具有标志性意义，农业税实际上包括农业税、农业特产税和牧业税三种形式。针对当时农村税费制度和征收办法不尽合理、农民负担重、收取税费不规范的问题，2000 年 3 月中共中央、国务院做出了进行农村税费改革试点工作的通知，明确提出调整农业税政策。2004 年，中央一号文件《中共中央 国务院关于促进农民增加收入若干政策的意见》发布，要求降低农业税税率。2006 年 1 月 1 日起，农业税彻底退出了我国赋税的历史舞台。

2.2.3　政策效果

这一时期，我国畜牧业生产结构进一步优化，形成优势生产区域布局，牛羊肉和禽肉比重上升，蛋、奶及其他畜产品产量增长速度加快。2006 年猪肉占肉类总产量的比重为 64.6%，比 1996 年减少了 4.3%，牛羊肉和禽肉比重为 15.1% 和 18.7%，分别比 1996 年增长了 3.4% 和 0.5%；奶产量 3302.5 万吨，约是 1996 年产量的 4.5 倍，[①] 并首次进入世界前三名。畜产品生产逐步向优势区域集中，初步形成了东北区、黄淮海区、长江中游区和西南区四大片区。东北地区以牛、奶、禽为主；黄淮海区、长江中游区以猪、禽为主；西南地区以牛、羊为主。

此外，畜产品质量得到进一步提升，畜牧业逐渐由数量增长型向质量效益型转变。1999～2006 年，农业部分 4 批规划建设了 33 个部级质检中心。其中畜禽产品类中心 7 个，种畜禽类中心 8 个，饲料中心 9 个，牧草中心 4 个，动物防疫中心 2 个，畜牧兽医器械中心 2 个，环境中心 1 个。与此同时，各个省份农业部门也加大了省、县级检测中心、饲料、兽药（站）的建设，质检机构的内部管理得到加强。"十五"期间通过无公害产品产地认证的有 3526 个，通过无公害认证的畜产品有 1841 个，涉及企业 160 家。[②]

2.3　转变提升阶段（2007 年至今）

2.3.1　发展背景

进入 21 世纪后，我国越来越重视"三农"问题，畜牧业进入"由传

---

① 资料来源：国家统计局—畜产品产量指标（https：//data. stats. gov. cn/easyquery. htm? cn = C01）。

② 资料来源：2006～2010 年《全国畜牧业发展第十一个五年规划》。

统畜牧业向现代畜牧业转变的关键时期"[1]。自 2004 年起，中央连续出台关于"三农"问题的"一号文件"，提出坚持"多予、少取、放活"和"工业反哺农业、城市支持农村"的方针，陆续实施了一系列惠农支农政策。伴随着我国经济发展进入新常态，畜牧业也面临着保供给、保安全、保生态的压力，加快畜牧业供给侧结构性改革势在必行。

根据 2006 年启动的第一次全国污染源普查数据，畜禽粪便导致的环境污染，已经成为我国农村空气污染、水源污染、土壤污染的根本原因（王道坤，2014）。党的十八大以来，生态文明建设被摆在了突出位置上，此后各项环保政策有效规范和落实，推动畜禽养殖废弃物资源化利用工作快速推进。与此同时，为缓解过度发展耗粮型畜牧业导致"与民争粮"和畜产品供求结构失衡的压力，国家进一步调整产业结构，加大了对饲料和草业生产加工业的扶持，明确发展草牧业的重点区域以及对应区域的主攻方向和推介模式，种养结合和农牧循环模式进一步得到重视。

总的来说，这一阶段畜牧业发展的侧重点已经转变为数量与质量并重且更加注重质量以满足我国居民膳食结构改善和消费升级的需求，发展优质饲草料产业的重要性得到高度重视，通过结构优化调整以提升产业效益，实现生态效益与经济效益的"双赢"。宏观调控手段逐步加强，旨在提高畜牧业生产效率的同时，注重畜牧业的可持续发展问题，强化了畜牧业规模化发展配套设施建设，逐步引导畜牧业向绿色化、现代化的方向发展。

2.3.2　主要政策导向

2007 年，国务院发布了《关于促进畜牧业持续健康发展的意见》，明确指出我国新时期畜牧业以构建现代化畜牧业、促进畜牧业持续健康发展为主要目标，促进综合生产能力的全面提升，并建立健全的现代畜牧

---

[1]　参见 2007 年国务院下发的《关于促进畜牧业持续健康发展的意见》。

业产业体系，保障畜产品供应充分，畜产品质量稳步上升，拉动养殖户的收益持续不断增长。农业部于 2011 年颁布了《全国畜牧业发展第十二个五年规划（2011—2015 年）》，以当时我国畜牧业发展所面临的种种挑战和机遇为背景，提出了"六大体系"的发展理念，在以"保障供给""安全保护"和"生态保护"为主要参考点的基础上，强调了动物产品的综合生产能力应稳步推进，确保物质和动物产品的质量和安全，增强草原生态保护建设的能力，全面提高建设水平。随着畜牧业发展水平的提高和城乡居民生活水平的改善，畜牧业发展目标由重视质量开始向质与量并重转变，国家大力推行了一系列促进畜牧业改善质量，实现绿色发展的政策方案。

一是加快发展草牧业，支持青贮玉米和苜蓿等饲草料种植，开展粮改饲、种养结合模式等试点。2016 年，农业部发布了《关于促进草牧业发展的指导意见》，进一步确立了各地区的草场发展重点、关键实施领域和商业模式。二是围绕着畜牧业的环境保护和粪便资源的利用，实施规范和支持政策。相继发布和修订《畜禽规模养殖污染防治条例》《中华人民共和国环境保护税法实施条例》《水污染防治行动计划》《土壤污染防治行动计划》等法律法规和政策文件，使得养殖业健康发展和污染治理逐步走上"有法可依"的法制化轨道。三是进一步加大动物疫病防控管理。我国自 1997 年发布《中华人民共和国动物防疫法》以来，历经 2007 年、2021 年二次修订、2013 年、2015 年二次修正。2018 年非洲猪瘟暴发，暴露出畜牧业的发展不仅面临着支持保障体系不健全、产业发展质量效益不高、抵御风险能力不强的老问题，同时存在资源环境约束趋紧、重大动物疫病风险和威胁加大等新情况。为提高畜牧业产业疫病防控能力，后续又发布、修改、修订了一系列与动物疫病相关的政策法规，如 2022 年修订的《病死畜禽和病害畜禽产品无害化处理管理办法》、2022 年修订的《动物防疫条件审查办法》等。

为巩固畜产品稳产保供的基础，2020～2021 年，国务院办公厅和农业农村部陆续发布了《关于促进畜牧业高质量发展的意见》《推进肉牛肉羊生产发展五年行动方案》《"十四五"全国畜牧兽医行业发展规划》等重要文件，围绕加快构建现代养殖体系、动物防疫体系、加工流通体系以及推动畜牧业绿色循环发展等方面做出全面部署，更明确了未来畜牧业发展目标，对下一个五年和十年计划时期畜牧业发展起到了指导作用。

2.3.3 政策效果

在政策扶持下，我国畜牧业向现代畜牧业转变取得了实质性进展。一是畜产品区域布局进一步优化。《优势农产品区域布局规划（2003—2007年）》和《全国优势农产品区域布局规划（2008—2015年）》等文件的相继出台也标志着畜牧业生产向优势区域日益集中，产业集聚优势有所凸显。目前已基本形成以长江流域、中原和东北为中心的生猪产业带，以中原和东北为主的肉牛产业带，以中原、西北牧区、西南地区、内蒙古中东部及河北北部为主的肉羊产业带，以东部省份为主的禽肉产业带和以中原省份为主的禽蛋产业带，以东北、华北及京津沪等城市郊区为主的奶业产业带（李顺，2010）。二是畜牧业逐步向规模化、产业化、集约化方向发展。各类畜产品养殖加工龙头企业不断涌现，产业化水平不断提高，涌现出一批年销售收入上百亿元的大型企业集团。三是畜产品生产结构进一步优化。在稳定生猪、家禽生产的基础上，进一步发展牛羊等节粮型草食家畜、奶业和特种养殖业。"十三五"时期，生猪及牛羊产业产值在牧业总产值中所占比重略有上升，奶业及家禽业比重略有下降，体现了畜牧业产业结构的调整。受非洲猪瘟事件影响，肉类产量先稳步增长而后在2019年急转直下，总产量共减少了8.5%，其中猪肉产量减少了24.4%，但牛羊肉产量增长了14.3%，包括禽肉在内的其他肉类产量更是增长了23.0%。[①] 四是畜牧业科技发展取得较大进展，

---

① 资料来源：国家统计局—畜产品产量指标（https://data.stats.gov.cn/easyquery.htm?cn=C01）。

主要成功培育了一批优良畜禽新品种（系），畜牧良种化程度进一步提升，当前我国畜禽核心种源自给率已经超过75%。[①]

3. 现阶段肉羊产业主要支持政策

与生猪和禽类产业相比，现阶段我国肉羊产业政策扶持力度相对较弱，主要实施的支持政策同样集中在生产端，包括良种补贴政策、标准化规模化建设补贴政策、动物防疫补贴政策、生产机械购置补贴政策、产业保险类支持政策、草原生态保护补助奖励政策等。虽然大县奖励、粪污治理、贷款支持等生产环节支持政策以及屠宰加工、国际贸易、品牌建设等市场流通支持政策在肉羊产业中也有实施，但在实际中受益群体较小，覆盖范围较窄，且多数由地方财政支持，地区差异较大，故在此部分不再做详尽阐述。

3.1 肉羊良种补贴政策

良种是现代畜牧业发展的关键要素之一，为支持良种发展，我国主要对畜产品生产者使用良种种畜精液进行人工授精或优质种畜的行为予以支持（朱文玉，2009）。我国畜牧良种补贴政策自2005年开始实施，主要对申报并实施的企业或个人购进的良种品种实施贴息贷款或现金补贴，初始补贴品种仅包括奶牛，随后扩大至生猪、肉牛、绵羊、山羊，补贴畜种不断增多，项目资金持续增加，实施范围不断扩大，是我国畜禽改良工程持续推进的重要载体。2017年6月1日，国家层面取消了良

---

① 资料来源：农业农村部发展规划司，农业现代化辉煌五年系列宣传之八：发展现代种业做强农业"芯片"[EB/OL]. http://www.ghs.moa.gov.cn/ghgl/202105/t20210518_6367869.htm.

种补贴政策，不再拨付中央财政资金，由各地方财政根据实际情况实施支持本地良种发展。

就肉羊良种补贴而言，2009 年农业部发布《2009 年畜牧良种补贴项目实施指导意见》，决定先在内蒙古、新疆、青海、河北、甘肃、黑龙江、吉林、宁夏、西藏 9 个绵羊主产省（区）及新疆生产建设兵团开展绵羊良种补贴试点，补贴实施的项目县主要是前述 9 个绵羊主产省份内 2008 年底能繁母羊存栏 10 万只以上的县（市、区），在这些县（市、区）内的养殖户其能繁母羊存栏如果在 30 只以上，那么这些养殖户在当年购买良种公羊时每只给予 800 元的补贴，共补贴绵羊种公羊 7.5 万只。2010 年的补贴方案参照 2009 年实施，补贴标准、范围、对象、任务量没有调整。在 2010 年项目省区 7.5 万只能繁母羊补贴任务的基础上，在中央实施草原生态保护补奖机制的内蒙古、四川、云南、西藏、甘肃、青海、宁夏、新疆 8 个牧区省区增加 16.25 万只能繁母羊补贴任务，共补贴 23.75 万只，补贴金额不变，项目县（市、区）选择标准为存栏能繁母羊 5 万只以上。2011 年，山羊被纳入补贴范围，项目县范围扩大，补贴数量增加。2012 年继续扩大补贴范围，将辽宁、安徽、山东、河南、湖北、湖南、广西、贵州等省份纳入补贴实施范围中，项目县（市、区）选择标准下调为存栏能繁母羊 2 万只以上，种公羊补贴总数量增加至 24.7 万只，补贴金额仍为一次性补贴 800 元/只。2013 年和 2014 年，中央财政继续安排资金实施种公羊补贴政策，种公羊补贴数量、补贴对象、补贴标准、补贴品种、补贴程序和项目县选择标准继续按照 2012 年执行。2015 年和 2016 年的项目实施指导意见提出个别省份可综合考虑本地种畜市场价格等因素，对补贴标准进行适当调整，并根据当地能繁母畜存栏情况，合理安排畜种补贴任务。2017 年，农业部发布《关于做好 2017 年中央财政农业生产发展等项目实施工作的通知》，中央财政农业生产发展资金实行"大专项 + 任务清单"的管理方式，下放资金使用管理权限，各省（区、市）可在大专项任务清单范围内，结合本地实际，统筹安排指导性任务资金，重点解决制约农业现代化的瓶颈问题，确保任务清单内各项任务全面保质保量完成，切实提高政策的精准性和实效性。畜牧良种补贴方案整合到农业生产发展资金项目中，支持牧区畜牧良种推广在内蒙古、四川、云南、西藏、甘肃、青海、宁夏、新疆8省（区）实施，对项目区内存栏能繁母羊30只以上的养殖户进行适当补助，对每个省份划定良种羊推广数量作为省区的指导性任务下达。2018～2022年的良种补贴项目参照2017年的方式实施。

各地区的良种补贴政策在补贴发放方式、供种场规定和补贴标准上存在差异。补贴发放有现买直补和先引后补两种形式，现买直补是指养殖户在指定供种场购买种羊时，直接支付补贴后价格，补贴资金发放到供种单位，补贴政策能够快速惠及引种者。先引后补是指养殖户先按市场价支付引种费用，提供补助申请材料，待资料审核无误再将补贴资金转入养殖户银行卡（折）中。在供种场的有关规定方面，有些项目县采取政府招标采购、供种场申请考核的方式确定享受补助的供种场，养殖户只有到已入选的供种场引种才能享受补贴政策，一般是本地区内的重点供种场。此外，部分地区规定，只要是省级种畜禽场、原种肉羊场和国家肉羊核心育种场，养殖户能够提供引种的各类材料，通过先引后补也可以享受补贴。补贴标准上，各地区根据种羊的价值和政策的补贴力度各有差异，每只种公羊的补贴标准区间在800～2000元。例如，广西壮族自治区结对良种公羊、良种母羊的补贴标准为一次性补贴良种公羊1000元/只，良种母羊500元/只。补贴对象为到已入选供种良种补贴名录单位引种的养殖场（户），没有限制引种养殖场（户）的养殖规模。补贴资金采取现买直补，补贴资金直接下拨给各供种的种羊场（公司）。而云南省良种的补贴标准根据种羊的等级和定价分为两个等级，特级种羊补贴1000元/只，一级及以下等次的种羊补贴800元/只。通过补助条件审核的养殖户先按照定价全额付款，良种补贴转入养殖户银行卡（存折），一律不支付现金。

总体来看，肉羊良种补贴政策已经实施十余年，对我国肉羊良种培育、推广起到积极的推动作用。在目前市场机制不完善的情况下，政府在良种推广中发挥着重要作用。政府提供良种补贴，对养殖户购买良种给予优惠价格或以现金形式返还，在很大程度上能提高养殖户采纳良种种羊的积极性，促进养殖户对良种的采纳。

3.2 肉羊动物防疫补贴政策

动物疫病防控是促进畜牧业健康发展、减少养殖户经济损失的基础性工作。为促进畜牧业可以健康持续发展，国家不断加大对动物疫病防治的投入。我国目前已经逐渐建立了强制免疫、监测预警、应急处理、区域化管理等制度，在疫情风险评估、预警、认定以及动物疫病区建设、职业兽医管理等方面的工作也取得了一定进展。自 2004 年以来，每年发布的中央一号文件对动物和家禽防疫工作提出了明确要求，并在此后持续实施动物防疫补贴政策。根据《中华人民共和国动物防疫法》，我国制定了动物疫病强制免疫、动物扑杀和无害化处理政策，并安排专项资金"动物防疫等补助经费"。目前肉羊动物防疫补贴政策主要包括重大疫病免费疫苗和动物扑杀以及无害化处理两项政策。

3.2.1 重大疫病免费疫苗政策

为全面落实强制免疫工作，防止重大动物疫病发生和流行，从 2004 年起，我国政府通过实施《全国动物防疫体系建设规划（2004—2008 年)》《全国动物防疫体系建设规划（2009—2015 年)》等，集中进行动物疫病预防控制系统、动物防疫检疫监督系统、动物防疫技术支撑系统等六个方面的建设。同时，为支持基层做好动物防疫工作，2010 年国家开始制订动物疫病强制免疫计划，按照地方财政投入为主、中央财政给予补助的原则，针对高致病性禽流感、高致病性猪蓝耳病、牲畜口蹄疫、猪瘟四种动物疫病进行强制免疫，强制免疫疫苗由省政府组织，兽医部门免费分发到农场（家庭），疫苗资金由中央政府资助，地方财政按比例分摊，农场（家庭）不必支付强制免疫费用。近十年，国家每年都会根据上一年动物疫病强制免疫的接种情况以及动物疫病的发展情况，不断调整动物疫病强制免疫计划。国家规定的针对肉羊的重大疫病免费接种疫苗一般包括两种：一是口蹄疫，二是小反刍。2020 年，口蹄疫免疫计划要求对全国所有羊等进行 O 型口蹄疫强制免疫；此外，对广西、内蒙古、云南、西藏、新疆和新疆生产建设兵团边境地区的羊进行 A 型口蹄疫强制免疫。而 2010 年则仅要求根据风险评估结果，对西藏自治区等受威胁地区羊进行小反刍兽疫强制免疫。

"十四五"时期，国家继续实施动物防疫补助政策，各省在具体实施中根据实际情况细化标准和统筹使用资金。例如，江苏省 2022 年上半年出台了《江苏省动物疫病强制免疫指导意见（2022—2025 年)》相关文件，统筹规划省内的动物疫病强制免疫工作，其中政策实施的基本原则和目标要求方面与国家顶层政策设计基本一致。但强制免疫接种的病种和疫苗要求不同，江苏省根据本地区牲畜养殖过程中重大疫病发展的实际情况取消了布鲁氏菌病和包虫病病种，纳入猪瘟、高致病性猪繁殖与呼吸综合征病种。新疆动物疫病免疫计划纳入的免疫病种较多，除了国家规定的强制免疫病种外，还包括重点外来动物疫病免疫病种等。另外，新疆地区加快推进政府购买动物防疫社会化服务工作，要求社会化服务组织为所聘用的村级动物防疫员购买人畜共患病保险和意外伤害保险，有效保障了动物防疫体系的建设和运转。

3.2.2 动物扑杀及无害化处理政策

国家强制宰杀患有高致病性禽流感、口蹄疫、高致病性猪蓝耳病、小型反刍动物疾病和布鲁氏菌病以及结核病阳性的牲畜，对畜禽宰杀所产生的费用主要通过动物防疫补贴政策得到补贴，补贴由中央和地方政府共同承担。强制扑杀补助主要是用于预防、控制和扑灭国家重点动物疫病过程中被强制扑杀动物的补助，补助对象为被依法强制扑杀动物的养殖者，补助资金根据实际扑杀畜禽数量，按补助标准据实结算，实行先扑杀后补助。养殖环节无害化处理补助主要用于养殖环节病死牲畜等无害化处理等，按照"谁处理、补给谁"的原则，补助对象为承担无害化处理任务的实施者，补助按照因素法进行分配，资金分配主要依据相关畜种饲养量、年度工作任务（任务清单）或绩效目标实现情况等。为了进一步规范病死及病害动物和相关动物产品无害化处理操作，防止动物疫病传播扩散，保障动物产品质量安全以及推进生态文明建设和绿色发展，我国先后于2013年和2017年组织制定了《病死动物无害化处理技术规范》和《病死及病害动物无害化处理技术规范》，对无害化处理方法进行了技术性规定，以消灭病死及病害动物和相关动物产品所携带的病原体，对于不符合生态安全和动物防疫等要求的，要求进行技术升级和改造。国家不鼓励地方政府和养殖户继续使用化尸窖掩埋法等技术水平相对落后、环境污染风险较大的处理方法，支持和鼓励研究新型、高效、环保的无害化处理技术和装备。

近年来，各地积极按照国家要求，积极升级改造动物扑杀及无害化设施和设备，并根据地区实际情况制定了具体的补贴标准。例如，江苏省近年来按照"政府主导、市场运作、保险联动、全程监管"的总体要求，已基本建成覆盖全省的无害化集中收集处理体系，包括37个无害化处理中心和593个乡镇收集点，并先后出台了《江苏省动物无害化收集处理体系优化升级工作规范》《关于建立病死动物无害化处理长效机制的意见》等多个文件，大力推进病死动物无害化集中处理，升级改造收集处理体系，探索保险与无害化处理联动工作机制；实施跨区域合作，将病死牛羊家禽纳入集中处理体系。云南无害化处理政策主要以生猪为重点、兼顾其他畜禽，涵盖了从饲养、屠宰、经营到运输等各个环节，基本实现病死畜禽及时处理、清洁环保、合理利用。根据2021年云南省养殖环节病死畜禽无害化处理补助工作实施方案，3 只羊折算成 1 个猪单位，按照每猪单位补贴标准 80 元的标准进行核算。一般三个月内将补助资金给付到位，并采取定期结算等方式及时发放补助，切实减轻无害化处理企业资金压力。

总的来说，随着动物防疫政策的持续落实，养殖环节生物安全防护水平和区域综合防疫能力的提升，有效保障了畜牧业生产安全、公共卫生安全和国家生物安全。截至 2022 年，全国已累计建成各类国家级动物疫病净化场 143 个、动物疫病无疫区和无疫小区 192 个[①]；动物发病率、死亡率和公共卫生风险显著降低。

3.3 肉羊标准化规模化建设补贴政策

标准化规模化建设是推动畜牧业现代化的重要途径。从 2007 年开始，我国将养猪场（区）和奶牛养殖社区的规模化和标准化建设纳入补贴范畴，予以财政补贴，此后国家继续扩大补贴畜种的类型，中央财政资金用于肉鸡、蛋鸡、肉牛和肉羊养殖场标准化建设，并根据养殖规模的不同，实行补贴差异化策略。2010 年中央一号文件《中共中央 国务院关于加大统筹城乡发展力度》中首次将支持建设规模养殖场、发展健康养殖示范场、开展标准化建设活动列入"三农"工作发展重点。随后，国家将发展畜禽标准化养殖列为"十二五"畜牧业发展的重要任务，并出台《农业部发布关于加快推进畜禽标准化规模养殖的意见》。这些针对养殖设施基础建设的规模化和标准化的投入，都是为了进一步发挥和提高畜牧业生产、保障畜产品有效供给、提升畜产品质量安全水平中的标准化规模养殖规范作用。近年来，政府等相关部门继续推进畜禽标准化养殖

---

① 资料来源：农业农村部，全国动物疫病净化工作取得积极进展 [EB/OL]. https：//www. moa. gov. cn/xw/zwdt/202212/t20221216_6417253. htm.

场建设，主要内容重点包括：优化养殖场布局、饲养环境等生产设施设备；完善防疫设施，对病死畜禽实行无害化处理，建设畜禽粪污处理设备，实现粪污资源化利用或达到相关排放标准。2018 年，农业农村部以生猪、奶牛、蛋鸡、肉鸡、肉牛和肉羊规模养殖场为重点，兼顾其他特色畜禽规模养殖场，出台《畜禽养殖标准化示范创建活动工作方案（2018—2025 年）》，启动了国家级畜禽养殖标准化示范场创建。此外，为更好促进各省、自治区、直辖市及计划单列市畜牧单位的实践发展，农业农村部每年都会发布《畜禽养殖标准化示范创建活动工作方案》，要求各地要从实际出发，结合不同区域特点，综合考虑当地饲草料资源条件、土地粪污消纳能力、经济发展水平等因素，因地制宜形成各具特色的标准化规模生产格局。2022 年，农业农村办公厅在《畜牧业"三品一标"提升行动实施方案（2022—2025 年）》中强调要持续推进标准化规模养殖，每年创建 100 个左右国家级畜禽养殖标准化示范场，到 2025 年全国畜禽规模养殖比重达到 78% 左右。

从各地实施情况来看，为更好促进各省、自治区、直辖市及计划单列市畜牧单位的实践发展，农业农村部每年都会发布《畜禽养殖标准化示范创建活动工作方案》，要求各地要从实际出发，结合不同区域特点，综合考虑当地饲草料资源条件、土地粪污消纳能力、经济发展水平等因素，因地制宜形成各具特色的标准化规模生产格局，同时建议农牧两区分类指导。例如，新疆近年来一直将创建国家级畜禽养殖标准化示范场作为畜牧产业发展重点，在先后出台的《新疆畜禽养殖标准化示范创建活动工作方案》《畜禽养殖"四良一规范"整县（市）推进工作方案》等文件中提出，各地区因地制宜选择合理的养殖规模及饲养方式。北疆农区突出种养结合、农牧结合，通过发展规模化、集约化养殖，建强羊肉商品基地和外销基地；南疆地区结合种植业结构调整，促进农林牧融合发展，巩固庭院养殖业基础，依托种养大户发展肉羊规模化养殖。

总的来说，近年来在中央标准化规模养殖等扶持政策的推动下，各地标准化规模养殖加快发展，主要畜禽品种的规模化比重不断提升，已成为畜产品市场有效供给的重要来源。与此同时，规模化标准化的建设，也使得畜牧业生产效率和生产水平不断提高，进而增加农民收入；能够从源头对产品质量安全进行控制，提升畜产品质量安全水平，降低疫病风险，确保人畜安全，实现畜牧业与环境的协调发展。

3.4　生产机械购置补贴政策

当前，我国畜牧业正加快向规模化、标准化养殖转型升级、做大做强，对加快畜牧业机械化发展的要求日益迫切。我国畜禽养殖以中小规模养殖场（户）为主体，其养殖量占比超过70%，但在工程防疫、种养循环等生产环节机械化程度较低，不到35%，因此加快机械化是畜牧业实现规模化标准化发展的必然选择。农机购置补贴政策作为党中央、国务院强民惠农政策的主要内容，从2004年开始正式实施。随着畜牧业的不断发展，国家高度重视畜牧业机械化发展。2008年之后，剪毛机、孵化机、去污机、饲料加工机器等多种多样的畜牧养殖机械不断涌现出来，这些机械也相应地被纳入中央政府和各省的资助范围之内。农机购置补贴主要用于支持购置先进适用农业机械以及开展有关试点和农机报废更新等方面。2020年，农业农村部印发的《关于加快畜牧业机械化发展的意见》重点强调"要进一步加大农机购置补贴扶持力度，重点向大型、中型规模养殖场倾斜，做到应补尽补，为提前全面实现畜牧机械化创造良好条件"，这将畜牧业机械化补贴政策的重要性提到了一个新的高度。之后的文件中也将提升畜牧业机械化水平，落实农机购置补贴政策，并遴选推介一批全程机械化养殖场和示范基地作为推动畜牧业高质量发展的重点。就具体的补贴对象而言，中央财政对从事农业生产的个人和农业生产经营组织实行定额补贴；其中农业生产经营组织包括农村集体经济组织、农民专业合作经济组织、农业企业和其他从事农业生产经营的组织。各省农业农村部门会同财政部门采用因素法测算分配资金，财政部门会同农业农村部门加强资金使用情况监测，并且各省可在农业农村部、财政部制定的补贴范围内各机具分档参数基础上，围绕各自地域特色及生产情况，适当产品提高补贴额和补贴额测算比例。就具体的补贴机具种类而言，根据农业农村部和财政部两部印发的《2021—2023 年农机购置补贴实施指导意见》，目前中央财政资金补贴机具种类范围为：耕整地机械、种植施肥机械、收获机械、农产品初加工机械、排灌机械、畜牧水产养殖机械等 15 大类 44 个小类 172 个品目。在此基础上，各地可在大类内自行增加其他机具列入中央资金补贴范围，自选品目须向农业部备案，阐明补贴理由、每个品目涉及的生产厂家数量、产品型号、市场平均销售价格、补贴额等。

近年来，各地积极推进现代畜牧业机械化发展，制定政策措施，研制符合国情的畜牧机械产品。例如，新疆在国家农机购置补贴政策的带动下，对本区的农机购置补贴政策按照"自主购机、定额补贴、先购后补、县级结算、直补到卡（户）"方式实施。在最新发布的《新疆维吾尔自治区 2021—2023 年农业机械购置补贴实施方案》中进一步明确了自治区享受中央财政补贴的机具种类范围为 15 大类 42 个小类 155 个品目。辽宁省将粮食、生猪等重要农畜产品生产和丘陵山区特色农业生产、农业绿色发展、数字化发展所需先进适用机具全部纳入省补贴范围，最终确定了 11 个大类 26 个小类 84 个品目的机械，并参照全国情况对省补贴范围按照年度进行相应调整。

总的来说，近年来，我国畜牧业加快向标准化规模养殖转型升级，装备总量持续增长，机械化水平不断提升，不同地区畜种的养殖规模和生产环节机械化快速发展，科技创新能力和技术装备供给能力逐渐增强。2020 年，农业农村部印发的《关于加快畜牧业机械化发展的意见》中设定了到 2025 年畜牧业机械化率总体达到 50% 以上，肉羊规模化养殖机械化率达到 50% 以上，大规模养殖场基本实现全程机械化的目标，这也将畜牧业机械化补贴政策重要性提到了一个新的高度。

3.5　肉羊产业保险类支持政策

党的十一届三中全会后，农村家庭联产承包责任制建立，1982年我国政府出台政策，批准恢复农业保险（含畜牧业保险）业务。1992年党的十四大召开后，社会主义市场经济体制逐步确立，鼓励商业型保险公司自我发展和探索。之后我国农业保险采取了市场化运作加政策性扶持的模式。2003年十六届三中全会明确提出，要探索建立政策农业保险制度。2007年中央一号文件《中共中央 国务院关于推进社会主义新农村建设的若干意见》提出"建立健全农业保险制度，扩大农业保险试点范围"，首次将我国农业保险按照其特点分为商业性农业保险和政策性农业保险两大类。2019年，多部门联合发布的《关于加快农业保险高质量发展的指导意见》中强调，要推动农业保险高质量发展，更好地满足"三农"领域日益增长的风险保障需求。就我国目前的农业保险大盘来说，畜牧业保险占比并不明显，而在畜牧业保险中，已经纳入中央财政补贴的养殖业保险标的仍较少，目前只有能繁母猪、育肥猪、奶牛，在青海、西藏等地区还有藏系羊和牦牛，大多数地区的肉羊没有纳入中央财政补贴目录，主要由地方财政出台相关规定，依靠地方财政支持发展。

不同地区肉羊政策性保险的实施情况和养殖户参保情况差别很大。例如，2022年江苏省印发《关于修订部分政策性农业保险险种条款费率的通知》，大幅提高养殖业保险保障水平，主要将羊养殖保险单位保额由600~800元/只分别提高至700~900元/只。辽宁省开展养殖业保险的畜种中肉羊每只保险金额为800元，保险费率为7.5%；保费补贴比例为中央及省级承担60%、市财政承担10%、养殖户承担30%。2020年11月，云南省农业农村厅会同省财政厅、中国银保监会云南监管局研究制定了《云南省实施中央财政保费补贴农产品保险工作方案（2021—2023年）》，对当地特色的藏系羊保费实行中央财政补贴，每只 24 元保险费，其中财政补贴 90%，剩下 10% 由养殖户自己负担，保险金额为 400 元。

总的来说，近十年来，我国畜牧业保险不断明晰保险责任，扩大保障范围，优化赔偿方式，提高服务能力，为畜牧产业提质增收打下坚实的基础。目前中国已发展成为世界上最大的畜牧保险市场，政策畜牧保险全面普及使得现代畜牧业经济快速发展。中国畜牧业保险全面发展时间较短，但这也意味着未来畜牧业保险具有较大的提升空间和发展潜力。

3.6 草原生态保护补助奖励政策

为了尽快实现牧民收益的持续增加和草原生态保护，加快推动畜牧业发展方式的转变，组织实施京津风沙源治理等草原生态保护工程管理，中国从 2000 年以来相继开展了退牧还草工程和草原生态补偿试点等工作。2011 年 6 月，农业部、财政部发布《2011 年草原生态保护补助奖励机制政策实施指导意见》，在内蒙古、新疆、西藏、四川、云南、甘肃、青海和宁夏 8 个主要草原牧区省（区）和新疆生产建设兵团实施草原补奖政策，政策内容主要为由中央财政安排资金，实施禁牧补助、开展草畜平衡奖励、牧民生产性补贴、草种良种补贴、畜牧良种补贴和绩效考核奖励等，并在 2012 年将政策实施范围扩大到河北、山西、黑龙江（含农垦）、吉林和辽宁 5 省的半牧区县。第一轮政策实施的补贴标准为：按照每年每亩 6 元的标准对牧民予以禁牧补贴，对未超载的牧民按照每亩 1.5 元的标准予以草畜平衡奖励；对开展人工种草的地区按照每年每亩 10 元的标准予以牧草良种补贴，对符合条件的牧户按照每年每户 500 元予以牧业生产资料综合补贴，另外还有畜牧品种改良补贴等。2016 年 3 月，原农业部和财政部发布《新一轮草原生态保护补助奖励政策实施指导意见（2016—2020 年）》，启动了"十三五"期间新一轮草原生态补助奖励政策。主要将禁牧补助标准提高到每亩 7.5 元，草畜平衡奖励提高至每亩

2.5 元，并取消了牧民生产性补贴，实施"一揽子"政策和绩效评价奖励。2021 年 8 月，财政部、农业农村部和国家林草局联合印发《关于落实第三轮草原生态保护补助奖励政策 切实做好草原禁牧和草畜平衡有关工作的通知》，部署"十四五"期间实施第三轮草原生态保护补助奖励政策的有关工作，要求继续在河北、山西、内蒙古、辽宁、吉林、黑龙江、四川、云南、西藏、甘肃、青海、宁夏、新疆 13 省（区）以及新疆生产建设兵团和北大荒农垦集团有限公司实施第三轮草原生态保护补助奖励政策。第三轮草原生态保护补奖政策中主要包含禁牧补助、草畜平衡奖励和绩效考核奖励，其中禁牧补助和草畜平衡奖励的标准与第二轮相同，但实施范围有所扩大。

从各地实施情况来看，各省区依据国家标准，制定各地符合实际的具体标准和发放方式，形成了一些独特的做法。总的来说，主要牧区省（区）的草原生态补奖政策实施方案可以分三大类。第一类是按照全省（区）草原承载力确定"标准亩"，再按照各旗县（市、盟、州）的草原承载力确定标准亩系数，用标准亩系数乘以全省（区）的禁牧补助和草畜平衡奖励标准即为该旗县的补奖标准，内蒙古和青海的补奖方案就属于这一类。第二类是根据草原类型划分区域，针对不同地区设置对应的补奖标准，甘肃和新疆属于这一类。第三类是整体统一按照中央标准实施禁牧补助，宁夏、四川、云南、西藏等属于这一类。可以看出，各地在制定标准时主要以国家标准为依据，结合本省（区）的草原质量和社会经济发展因素综合制定实施方案，差异化补贴标准的制定也在一定程度上提高生态补偿的效率和政策的精确性，减少牧民的不公平感，保障了政策实施效果。

总体来看，自 2011 年实施草原补奖政策以来，牧区在生态、经济和社会发展等方面均取得了一定成效。一是草原生态环境加快恢复。2013 年以来，全国 38.2 亿亩基本草原得到休养生息，其中禁牧草原面积 12 亿亩、草畜平衡草原面积 26 亿亩，全国草原综合植被盖度从 2011 年的

51%提高到2020年的56.1%。二是牧民收入加快增长。两轮政策实施中国家累计投入资金超过1500亿元，1200多万户农牧民受益，13个实施补奖政策省（区）的农牧民人均每年得到补奖资金700元，户均增加转移性收入近1500元。[①] 三是草原畜牧业生产方式加快转型。多项研究结果都表明，牧区各地积极引导广大牧民转变靠天放牧的生产经营方式，发展舍饲圈养等现代草原畜牧业，为保障牛羊肉供给提供有力支撑。

4. 现阶段肉羊产业支持政策存在问题

近年来，包括肉羊产业支持政策在内的畜牧业支持政策不断完善，在助推产业高质量发展中的作用越来越重要。但同时也注意到目前肉羊产业各类相关扶持政策发展水平参差不齐，具体政策实施效果、主体政策满意度等地区差异明显，这也反映出当前产业支持政策与服务肉羊产业现代化发展的需求还存在一定差距，主要存在以下三个方面的问题。

4.1 部分政策覆盖范围偏窄

近年来，国家不断加大肉羊养殖扶持力度并取得了一定的成效，但由于部分支持政策覆盖率不高，特别与发达国家相比，部分支持政策补贴品种明显较少，无法较好地满足养殖户多元化需求。政策覆盖率不高的最主要原因就是供需错位。例如，目前我国的畜牧业政策性保险政策还是以内部保险即死亡保险为主，销售过程中的价格风险防控保险较少。近年来肉羊保险产品中，肉羊保险的方式均为死亡保险，养殖户只能选

---

① 资料来源：国家林业和草原局 国家公园管理局，建立健全机制保护修复草原［EB/OL］. https：//www.forestry.gov.cn/main/586/20220810/092700732280341.html.

择投保或不投保，选择范围过于狭窄，但是养殖户对肉羊交易价格保险的呼声较高。关于良种补贴，部分地区对供种单位和补贴品种进行了限定，一些项目县每年度补贴项目只有 1 家或 2 家供种单位，难以有效满足养殖户引种的多样化需求。关于机械购置补贴，由于畜牧机械装备本身投资较大，目前许多大型设备尤其是自动化程度较高的饲喂系统等没有补贴，一些养殖场需要购买这类机械但资金比较紧张；农机化技术推广部门的工作方向与广大畜禽养殖场户实际需要的畜牧业机械化新技术、新机具存在一定差距，导致引进机械化设备不足、技术不够先进、产品质量不高。

4.2　政策扶持资金投入不足

资金支持是影响政策可持续性的关键，肉羊产业相关的扶持政策补贴资金主要由中央财政和地方财政支出，但由于地方支农财政较为欠缺，尤其在一些经济条件相对差的地区支农财政吃紧，导致政策存在实施不充分、时断时续等问题，但这些地区农民往往对农业、畜牧业等初级产业的依赖度较高，由此陷入两难境地。例如，肉羊良种补贴在 2009 年初次实行羊良种补贴时，国家出台的指导方案规定的标准是 800 元/只，2015 年的指导意见指出个别省份可综合考虑本地种畜市场价格等因素，对补贴标准进行适当调整。但实际上这期间原料、人工等因素养殖成本上涨，种公羊价格持续走高，而大多数项目县补贴标准仍然保持 800 元/只，十多年来少有涨幅。类似的还有草原生态保护补助奖励政策，虽然第二轮政策禁牧补助和草畜平衡奖励标准均较第一轮有所提高，但是牧民认为目前的补奖标准过低，无法弥补因政策带来的减畜成本，牧民落实禁牧和草畜平衡的积极性不足。此外，由于地方财政吃紧，一些基层畜牧专业技术人员的补助很低，有些甚至没有，很多地方技术人员都是身兼数职、分身乏术甚至疲于应付。而且由于缺少单独的资金补助，很多地方的畜牧业机械科研开发、试验示范、推广应用的力度不大，更没有专业的畜牧业机械化技术推广服务人才队伍。

4.3　政策配套措施不完善

虽然肉羊支持政策起到了连接政府和市场的纽带作用，但由于缺乏配套措施，导致政策无法落地，导致政策效果大打折扣。例如，在良种繁育方面，部分地区良种繁育体系建设滞后，没有形成区域统一的良种繁育规划，良种补贴政策与良种繁育体系建设相分离，存在部分主管部门侧重完成补贴政策的任务量，忽视政策目标和效果的现象。在规模化建设方面，目前我国政府对于养殖用地的审批比较严格，养殖用地管理不够灵活，有些想扩大规模的养殖户难以拿到相关场地的批准，无法扩建圈舍。在标准化建设方面，由于缺少自上而下系统性的技术推广和培训体系，小规模养殖场（户）的技术力量严重不足，很多地方都缺少公益性技术推广服务组织，而农机技术推广人员业务能力有限，对先进的畜牧业机械化技术知识储备严重不足。在牧区，除了基础建设投入不足，棚圈、人畜饮水设施不佳，部分地区集中连片用水用电难，无法开展一些专业的生产行为之外，政府主导下的牧民整体转移安置办法的资金和法律支撑都比较缺乏，禁牧政策之后一些牧民无法在城里顺利安家，之后还可能继续产生一系列社会问题。

5.　肉羊产业政策优化路径

随着我国经济发展进入新的历史阶段，畜牧业发展也面临着来自国内外双重的挑战和机遇。基于上述总结的产业政策存在问题，未来政策可以从以下三个方面改进和优化。

5.1　提高政策覆盖范围，强化技术研发支撑

一方面，持续提高政策覆盖人群及优惠范围，政策着重向中小规模化养殖场倾斜，要特别针对专业合作社、专业种养大户以及家庭农场等新型经营主体的良种引入、小微型畜牧机械提高补贴扶持力度。另一方面，鼓励和支持科研院所、高等院校、推广机构、企业开展联合攻关并予以专项资金支持，研制适应各地区畜禽养殖、病死畜禽无害化处理的技术工艺、设施装备，制定相应的技术管理规范；加强对清洁环保、资源可利用病死畜禽无害化处理，对相关的新技术、新工艺的宣传培训和推广应用。

5.2　统筹财政资金使用，加大金融扶持力度

一方面，强化资金保障，设立畜牧产业财政补偿基金，适当提高各项政策的补贴标准，重点向财政偏弱区、产业脆弱性高地区倾斜。在完善重点种畜禽场和生态养殖小区农户规模化补贴政策的同时，配套引种补贴，加快良种推广进度，补贴资金重点安排给守信誉、讲诚信、懂技术、善经营的养殖业主；在确保土地公有制性质不改变、耕地红线不突破、养殖户利益不受损的前提下，鼓励工商资本参与畜牧业经营活动。另一方面，与农村商业银行、农村信用社等金融结构的合作，推进农村信用社的小额信贷政策，积极支持规模饲养户发展畜禽，建立和完善担保体系，共同探索建设适合肉羊生产的贷款，尤其是对牧户的小额信贷、中长期贷款予以支持。调整畜牧专项资金结构，努力争取金融机构对养殖户的信贷支持。此外，不断优化基层专业技术人才培养和激励机制，提高对基层专业技术人才的补贴待遇，注重对基层畜牧科技服务工作者知识更新和个人能力提升等方面的培养，在评先评优、晋升职务、职称

评定中予以优先考虑等，保证科技人才"下得去，留得住"。

5.3 加强产业基础设施建设和保障制度建设

一方面，加强产业发展规划和保障制度。例如，在良种繁育环节，要根据当地肉羊产业发展和良种繁育体系建设规划，统筹规划良种补贴政策与地方良种繁育体系建设规划，实行差异化补贴，切实推动肉羊良种的改良、繁育和推广，推动良种体系各环节各主体的有效连接和良性循环。另一方面，加强产业基础设施设备建设。例如，在标准化规模化建设环节，解决好养殖小区和适度规模养殖场建设用地。要在贯彻落实国家土地政策的基础上，按照种养业协调发展的原则，盘活存量土地资源，满足养殖户扩大养殖规模的需求，把发展畜牧业适度规模养殖以及建设畜禽养殖小区所需的土地列入乡镇土地利用总体规划。在草原牧区，整合运用各类涉牧资金，实施政府投资主导与牧民筹资辅助配合相结合的方式，加强畜牧业基础设施建设。

参 考 文 献

［1］李瑾. 畜产品消费转型与生产调控问题研究 ［M］. 北京：中国农业科学技术出版社，2010.

［2］李顺. 中国畜牧业发展历程分析及趋势预测 ［J］. 中国畜牧杂志，2010（12）：25－28.

［3］刘刚，罗千峰，张利庠. 畜牧业改革开放40周年：成就、挑战与对策 ［J］. 中国农村经济，2018（12）：19－36.

［4］王道坤.《畜禽规模养殖污染防治条例》带来的挑战和机遇 ［J］. 江西饲料，2014（3）：26－29.

［5］魏世恩，许宗望. 重视研究畜牧业经济，加速发展畜牧业 ［J］.

经济研究，1978（12）：22 - 25.

　　[6] 徐雪高，陈洁，李靖. 中国畜牧业发展的历程与特征 [J]. 中国畜牧杂志，2011，47（20）：14 - 17.

　　[7] 朱文玉. 我国生态农业政策和法律研究 [D]. 哈尔滨：东北林业大学，2009.

乡村振兴背景下畜牧业高质量发展面临的主要矛盾与破解路径*

摘要： 我国畜牧业在各阶段的发展重点与社会主要矛盾和经济发展重心的转变紧密联系。在全面推进乡村振兴战略背景下，畜牧业高质量发展是实现当前阶段发展目标的必然要求，对推动农村产业兴旺、实现农业绿色发展和共同富裕具有重大意义。未来畜牧业高质量的发展需妥善处理供需不平衡、环境约束和经济发展、大市场和小生产这三大主要矛盾，可从强化技术创新、推动产业体系和经营体系建设、提高产业核心竞争力和完善产业保障政策等入手解决。

关键词： 乡村振兴；畜牧业；高质量发展；共同富裕

1. 引言

党的十九大提出实施乡村振兴战略，这是党中央着眼党和国家事业全局、顺应亿万农民对美好生活的向往，对"三农"工作做出的重大决策部署，是决胜全面建成小康社会、全面建设社会主义现代化国家的重大历史任务，是建设现代化经济体系的重要基础。在推进乡村振兴战略的过程中，如何立足国情农情，统筹推进农业全面升级、农村全面进步、农民全面发展是当前我国社会经济发展面临的重要挑战。作为我国农业

---

* 本部分作者为潘丽莎和李军。

产业的重要组成部分，畜牧业"承农启工"，其高质量发展以生态优先、绿色发展为导向，聚焦高效养殖与绿色转型，以质量标准化为指导，筑牢产品质量安全防线，不断提高产业经济效益并满足人民对优质畜禽产品日益增长的需求，是实现乡村振兴的重要内容，更是实现农业农村现代化的重要基础（于法稳等，2021）。科学研究乡村振兴战略背景下畜牧业高质量发展的重要地位和意义，统筹谋划畜牧业高质量发展路径，有利于探索乡村振兴可持续发展的长效机制，为进一步推进乡村振兴战略实施提供借鉴和参考。

2. 推动畜牧业高质量发展是实现当前阶段发展目标的必然要求

改革开放以来，我国畜牧业稳步发展，产业供给能力不断提升。1980~2020年，我国畜牧业产值从354.2亿元增长至40266.7亿元，年均增长12.6%，比农林牧渔总产值的年均增速高出1.3个百分点；畜牧业产值在农林牧渔业总产值中所占比重也从18.4%增长至29.2%，其中在2008年更是达到了35.4%。同时，随着收入水平的提高和人口规模的扩大，我国城乡居民的畜禽产品消费量也不断增加，四十年间，猪肉、牛肉和羊肉的表观消费量①分别增长了3.0倍、32.5倍和10.9倍，人均表观消费量则分别增长了1.8倍、22.4倍和7.4倍。畜牧业事关国民社会经济稳定，其变革发展也与不同阶段的国家经济建设重心、发展目标以及政策环境密切关联。

近年来，随着我国经济发展进入新常态，生态文明建设被摆在了突

---

① 表观消费量=国内产量+进口量-出口量；基于数据可得性和时间上的连续性选取了国家统计局和FAOSTAT数据进行整理计算。

出位置上,畜牧业"保供给、保安全、保生态"的压力加大,加快畜牧业供给侧结构性改革势在必行。我国社会主要矛盾已经转变为人民日益增长的美好生活需要和不平衡不充分的发展之间的矛盾,其中就包括要解决居民从吃得饱吃得好向着吃得健康吃得营养转变的问题(钟钰,2018),这也对畜禽产品质量安全提出了更高要求。通过绿色发展方式进一步调节产业结构、补齐短板以实现畜牧业经济价值和生态价值"双赢"的要求也愈加迫切。随着《畜禽规模养殖污染防治条例》《中华人民共和国环境保护税法实施条例》《水污染防治行动计划》等法律法规和政策文件的出台,各项环保政策有效规范和落实,推动畜禽养殖废弃物资源化利用工作快速推进。2011年开始实施的草原生态保护补助奖励政策在2012年在牧区和半农半牧区全面推开,目前已经进入第三轮实施阶段。该项政策延续了以往退牧还草、生态移民等草原生态保护工程的发展理念,着力协调草原生态保护、牧业高质量发展和牧民增收的关系以实现三方共赢。与此同时,为缓解过度发展耗粮型畜牧业导致"与民争粮"和畜产品供求结构失衡的压力,国家进一步调整产业结构,尤其是加大了对饲料和草业生产加工业的扶持,明确发展草牧业的重点区域以及对应区域的主攻方向和推介模式,种养结合和农牧循环模式进一步得到重视。2020~2021年,国务院办公厅和农业农村部陆续发布了《关于促进畜牧业高质量发展的意见》《推进肉牛肉羊生产发展五年行动方案》《"十四五"全国畜牧兽医行业发展规划》等重要文件,明确了未来畜牧业发展目标,对下一个五年和十年计划时期的畜牧业发展起到了指导作用。

总的来说,当前我国畜牧业发展的重点已经转变为数量与质量并重,且更加注重质量以满足我国居民膳食结构改善和消费升级的需求。新时代背景下的畜牧业发展也必须结合社会主要矛盾和经济发展重心转变的特点,明确其在助力乡村振兴和推动农业农村现代化过程中的优势所在。

3. 推动畜牧业高质量发展是实现我国推动乡村振兴战略的必然选择

2020 年，国务院发布的《关于促进畜牧业高质量发展的意见》中明确指出实施乡村振兴战略对畜牧业高质量发展起引领作用。推进畜牧业高质量和可持续发展，是贯彻新发展理念的必然要求，是推进农业供给侧结构性改革的重大举措，对于推进产业兴旺，建设生态宜居美丽乡村，促进农牧民增收致富意义重大。

3.1 畜牧业高质量发展是推动农村产业兴旺的重要支撑

产业兴旺是乡村振兴的核心。所谓产业兴旺，不仅指要"形成产业"，更要让产业"兴旺发达"并有所"创新"（洪银兴等，2018）。新时代背景下，"六畜兴旺"是"产业兴旺"的应有之义。我国拥有悠久的畜牧业发展历史，畜禽饲养在全国分布广泛，具有良好的发展基础。此外，畜牧业涉及品类多，产业链条涉及多个环节，且技术准入门槛相对低、资金回报周期短、经济效益明显，加之能够充分利用农副资源，所以发展畜牧业，尤其在许多中西部偏落后省区发展特色养殖业，对促进贫困群众脱贫增收、如期实现脱贫摘帽发挥了重要作用。"十三五"时期，新疆、内蒙古、青海、西藏、甘肃等边境贫困地区的政府和养殖户在发挥当地养殖业传统优势的基础上，通过进一步扩大规模、提高技术转化落地等实现了产量和产值的双提升，打造了牛、羊、马、奶业等特色主导产业，保障了少数民族地区社会经济稳定发展。2020 年上述五个主要牧区省份牧业产值在全省（区）农林牧渔业总产值的占比均较 2015 年有所增长，其中青海和甘肃增长最为显著，青海从 49.6% 增长至 58.2%，甘肃从 16.2% 增长至 23.5%。[①]

畜牧业的高质量发展也意味着必须立足全产业链，发展新产业、新业态、新模式，实现一二三产业融合发展。对于畜牧业这一涉及多个环节的长产业体系且包含了各类生产经营主体的大产业来说，更能突出其在乡村产业兴旺中的重要价值。例如，作为我国生猪生产大省和商品猪战略保障基地，四川省积极推动川猪产业振兴工作，在生猪产业大盘中，聚焦家庭农场、种植大户、农民合作社和村级集体经济组织，依据区域特色，依托园区提升种业核心竞争力，实施生产标准化、加工集约化、产品品牌化，大力发展精深加工业、乡村旅游业、新型服务业等，已经初步形成各具特色且较为稳定的一二三产融合发展格局。

3.2 畜牧业高质量发展是实现农业绿色发展的重要一环

2017 年，中共中央、国务院发布的《关于创新体制机制推进农业绿色发展的意见》中指出了"农业绿色发展"的重大意义，将绿色发展的理念正式植入农业现代化进程（金书秦等，2020）。虽然在国家一系列重大决策的部署下，农业绿色发展有了良好的开端。但总体来看，当前农业主要依靠资源消耗的粗放经营方式没有发生根本性改变，绿色优质农产品供给不足问题依然突出，畜牧业发展同样也存在类似瓶颈。例如，草场超载和草原退化问题依然突出，影响牧区可持续发展；假牛羊肉、过量添加瘦肉精的肉类产品在市场上屡见不鲜；在肉蛋奶需求持续增长的背景下，畜牧业生产高消耗、高排放和低效率的发展方式广泛存在，畜牧业温室气体排放短期内下行难度较大。

以绿色理念引领的畜牧业高质量发展，以提供良好的生存环境及安全的饲料为保障，聚焦高效养殖与绿色转型发展，是在充分考虑资源环

---

① 资料来源：2021 年《中国统计年鉴》。

境承载条件的基础上，创造良好的人居环境，实现资源节约、环境友好的畜牧业高效、可持续发展方式。通过探索生态循环种养、畜禽养殖与生态观光结合等多种生产经营模式，能够尽快补足农业绿色发展中存在的重要短板，尽快实现农牧业碳达峰、碳中和。例如，浙江省在推进"三改一拆"和"五水共治"工作中，积极实践南方水网地区生猪养殖污染治理，发展农牧结合、渔牧结合、林牧结合等多种绿色循环生产模式，打造多元化特色养殖业，成为全国首个畜牧业绿色发展示范省，为全国畜牧业绿色发展新模式提供了可复制推广的经验。

3.3 畜牧业高质量发展是破解新时代社会主要矛盾和实现共同富裕的重要抓手

生活富裕回答了乡村振兴中"为谁振兴"的问题，乡村振兴的根本目的就是让广大农民有更多获得感的同时实现共同富裕。而实现共同富裕，必须解决好发展不平衡不充分问题，让全体人民公平地获得积累人力资本和参与共创共建的机会，共享发展成果。畜牧业高质量发展作为畜牧业新发展阶段的主题，以供给侧结构性改革为主线，以满足人民对安全、优质牲畜产品日益增长的需要为根本目标，在保障国家食物安全、繁荣农村经济、促进农牧民增收等方面发挥重要作用，目前已经取得一定成效。2010~2020 年，我国畜禽产品供需两旺。猪肉产量在非洲猪瘟发生前的增长幅度高达 7.9%，牛肉和羊肉产量增幅为 12.5%，牛奶和禽蛋分别增长了 13.2% 和 24.9%。[1] 猪肉和牛羊肉的人均畜禽产品消费量[2]也明显提升，分别增长了 3.6% 和 34.3%。禽类、蛋类和奶类增长更为明显，增幅分别达到 76.7%、69.4 和 48.4%。在增收方面，农村居民人均可支配收入从 6272 元

---

① 资料来源：国家统计局—畜产品产量指标（https://data.stats.gov.cn/easyquery.htm? cn = C01）。

② 资料来源：2011~2021 年《中国统计年鉴》；人均畜禽产品消费量主要统计户内消费量。

增长至 17131 元，年均增长 10.6%；其中，内蒙古、新疆、青海等典型牧区所在省（区）的农村居民人均可支配收入增幅均在 1.8 倍以上。

此外，畜牧业还面临着资源环境约束趋紧、重大动物疫病暴发风险增大等新问题。以生猪产业为例，我国生猪产业产销分离特点明显，2018 年非洲猪瘟暴发后，主产区生猪出栏过剩和消费区明显供应不足的问题加剧了生猪市场的波动，这也更凸显了加快畜牧业高质量发展的重要性和紧迫性。因此，必须加快转变畜牧业发展方式，全面提升畜产品供应安全保障能力，从根本上消除肉蛋奶生产供应的问题和隐患。同时，立足各地优势，发展本地特色畜牧业，加快生产要素和资源的跨区配置和流动，为人民群众提供更多创业就业机会，为再分配提供充分的财力保障，有利于全体人民共享发展成果（张军扩等，2019）。

4. 推动畜牧业高质量发展面临的主要矛盾

近年来，我国畜牧业在规模化、标准化以及产业化等方面取得了一定成就，但在新的历史阶段，我国畜牧业发展依然存在着一些突出问题。在新时期，畜牧业高质量发展必须要厘清并着力解决以下三点矛盾。

4.1 供需不平衡的矛盾是影响畜牧业高质量发展的核心

一方面，畜禽产品市场存在供需不平衡。随着居民生活水平的提高和膳食结构的改善，肉蛋奶食品已经成为很多居民的生活必需品。但受限于种业水平以及自然资源等因素的限制，我国畜牧业产能增长较缓，2000~2020 年，全国平均每头猪产肉量仅增长 2.0%，牛和羊的平均单产仅增长了 9.3% 和 15.0%。① 我国畜禽饲料转化率和母畜繁殖率也与国际

---

① 资料来源：2001~2021 年《中国农村统计年鉴》。

先进水平存在一定差距（刘长全等，2018）。例如，在饲料转化率方面，先进国家奶牛饲料转化率已经达到1.5∶1，而我国为1.2∶1（李胜利，2017）。在母畜繁殖方面，国外先进育种水平大白猪的达100千克体重日龄可以达到148天，比我国生猪核心育种场种猪快15天；国外先进育种水平的大白猪产仔数能达到15头，比我国生猪核心育种场种猪多2头（王立贤和王立刚，2021）；澳大利亚、新西兰母羊繁殖可以达到1年2～3胎，繁殖成活率高达100%～200%，而我国母羊繁殖一般1年1胎，年均繁殖成活率为60%～70%（唐莉等，2019）。从产业结构来看，1980～2020年，我国肉蛋奶产量比重中，肉类比重整体呈下降趋势，蛋类比重基本稳定，奶类增长明显；其中，肉类中猪肉产量比重从94.1%大幅下降到53.1%，禽肉比重明显上升。而发达国家畜牧业结构变动总体按照消费习惯和高营养方向变动，肉类中禽肉、猪肉等肉料比相对较高的畜产品比重不断提升，蛋类保持低位，奶类则有所下降（王明利，2020），由此看出我国畜牧业产业结构尚未完全进入投入产出高效化阶段。

另一方面，饲料粮市场存在供需不平衡。我国是粮食和饲料生产大国，2020年，我国粮食产量约6.7亿吨，粮食进口以大豆、玉米等饲料粮为主，进口总量约1.4亿吨，粮食总自给率为82.8%。[①] 目前，我国完全能够保障口粮供给安全，但是饲料粮缺口日益扩大，饲料粮进口依赖度不断提高，饲料粮安全长期困扰我国畜牧业的发展。饲料粮供给不足还与我国饲料生产加工体系薄弱，产品质量参差不齐等因素相关。以饲草产业为例，我国草产业发展的标准化、商品化、产业化、市场化、智能化程度不够，饲草加工贮存方面存在损失大、营养提升有限、草产品质量和安全控制难等一系列瓶颈，造成"草畜两张皮"局面，极大地影响了草牧业核心产业链的形成和健康发展（王天威和钟瑾，2021）。虽然

[①] 资料来源：国家统计局—主要农作物产品产量指标（https://data. stats. gov. cn/easyquery. htm? cn = C01）、中国国家海关总署—2020年12月进口主要商品量值表（http://www. customs. gov. cn/customs/302249/zfxxgk/2799825/302274/302277/302276/3516038/index. html）。

目前我国加大了对饲料业和草业的支持力度以提高优质饲草供给能力，但在具体实践中还有诸多衔接不畅的问题，实施效果还有待进一步明晰。

　　未来畜牧业发展方式将逐渐由粗放型向集约型转变，伴随着规模化程度的提高，畜牧业产能会进一步提升，但考虑到产业发展需与资源环境承载力相匹配，投入边际报酬递减和边际产能退出必然导致产能提高速度趋于下降（叶兴庆，2021），加之国际市场受全球经济政治因素的影响存在不确定性，所以短期内畜产品市场仍将处于供给偏紧的状态，这一缺口在牛羊肉以及奶类等草食畜牧产品中将尤为明显。

4.2　资源环境约束和经济效益增长的矛盾是影响畜牧业高质量发展的根本

　　为了实现经济效益的最大化，我国畜牧业生产曾在较长的一段时间里过度追求产量而忽视了环境保护，导致土壤水体空气污染、草场退化，畜禽养殖污染程度加剧、范围扩大，对人居环境造成了极大的负面影响，已经成为制约畜牧业现代化的瓶颈。进入21世纪后，畜牧业的快速发展所带来的环境问题日益受到政府的重视。为了合理确定畜牧业禁养区和限养区的范围，缓解畜禽养殖污染物对环境带来的压力，我国修订颁布一系列相关政策、标准及法规，如《畜禽规模养殖污染防治条例》《畜禽养殖业污染防治技术规范》《畜禽养殖业污染物排放标准》及《中华人民共和国环境保护法》《中华人民共和国水污染防治法》《中华人民共和国土壤污染防治法》等。但是由于部分畜禽养殖者对生产废弃物处理意识仍然薄弱，设施设备和技术缺乏，养殖污染治理进度比较缓慢。同时，部分地区在要求养殖场（户）禁养限养的过程中出现了政策"一刀切"和补偿不当等问题。例如，2016年原农业部出台《全国生猪生产发展规划（2016—2020年）》后，一些地区大幅提高禁养和限养的政策执行力度，实行无差别行政命令，导致散养户被动出局，部分地区大量养殖场被拆除，一时间产能下滑严重。而环保政策高压下转型之际的大中型规模户以高成本扩大生产规模后还要面临繁复的审核程序和后续养殖场污染防治建设问题。此外，征收环保税倒逼养殖场和企业转型升级、主动治污理论上也是一种可行的办法，但实践中可能会导致短期内生产经营成本大幅提升，原先依托低成本发展的竞争优势锐减，而依托科技创新的差别化竞争优势尚未有效形成，新旧发展动能转换无法顺畅衔接，现阶段实施的基础条件不足（刘刚等，2018）。

在草原牧区，国家从 2000 年起实施了一系列草原保护建设项目，目前主要实施的草原生态保护补助奖励政策通过禁牧补贴和草畜平衡奖励进行减畜，通过草场治理尽快修复草原生态，通过推动划区轮牧和舍饲圈养转变牧区传统生产方式。但实际上，大部分牧区草场超载过牧和偷牧现象仍广泛存在，政策补助更多情况下只是单纯增加家庭收入，草场恢复速度比较缓慢，草原生态环境治理和草食畜牧业的发展依然面临着较大的挑战。

4.3　社会化大市场需求与家庭小生产经营的矛盾是影响畜牧业高质量发展的关键

以家庭为单位的小农户生产方式是我国农业和畜牧业生产的基本组织形式，如何充分发挥小农户的作用，实现其与现代农业的有效衔接也是实施乡村振兴战略的重点。根据第三次农业普查数据，全国共有 20743 万农业经营户，其中有 398 万规模农业经营户，占总农业经营户的比重不足 2%[①]；全国农业生产经营人员共计 31422 万人，其中从事畜牧业行业的经营人数仅为 3.5%。可见，普通农户在可预见的将来仍是农牧业经营的基础。此外，目前我国畜牧业规模化程度较低且存在结构性差异。

---

① 资料来源：国家统计局《第三次全国农业普查主要数据公报》。

2020 年，全国肉鸡综合规模化率①最高，达到 83.9%，其次为蛋鸡，为 79.7%；牲畜中最高的为奶牛，达到 67.2%，生猪为 57.1%，羊和肉牛均在 50% 以下。与 2010 年相比，奶牛、肉鸡和蛋鸡的综合规模化率增长较为明显，生猪、肉牛和羊的综合规模化率增长缓慢，也进一步说明了我国畜牧业产业的规模化、产业化程度有待提升。

在生产环节，小规模养殖户综合素质有待提高。根据第三次农业普查数据，全国农业生产经营人员中年龄 55 岁及以上经营人员占比为 33.6%，高中或中专及以上受教育程度的人员占比仅为 8.3%②。小规模养殖户自身能力有限，资金投入也不足，仅靠自身的能力采用先进生产管理技术和现代化生产要素以扩大生产规模、提升效率的难度很大。在销售环节，小农户获取信息渠道相对单一，往往存在信息不对称，在交易过程中的谈判能力弱，在市场经济环境中也难以争取到话语权。通过各类组织和中介将分散的农户经营整合起来是推动小农户衔接现代农业和对接国内外大市场的主要方式之一（何坪华和杨名远，2000；朱鹏华和刘学侠，2019）。然而在实际中，畜牧业经营体系发展不健全，合作社、企业等新型经营主体总体经营规模小，利益联结机制不健全，带动养殖户增收能力比较有限，提供的服务主要停留在技术、信息层面，在产业链其他环节的参与程度低，导致投入成本大而效益低，主要依靠项目资本维持运作，难以实现公平与效率的双重目标（周慧颖等，2019）。同时，生产经营主体的市场意识仍然落后，找政府部门"不要政策，要资金"、经营中"不要建议，要项目"、产出产品后"不找市场，找市长"的情况经常出现（彭超和刘合光，2020）。

---

① 资料来源：《中国畜牧兽医统计年鉴 2020》；综合规模化率 = 规模以上蛋白当量÷各畜种总蛋白当量；各畜种养殖规模分别按照，生猪年出栏 500 头以上，蛋鸡年存栏 2000 只以上，肉鸡年出栏 10000 只以上，奶牛年存栏 100 头以上，肉牛年出栏 50 头以上，羊年出栏 100 只以上标准测算。

② 资料来源：国家统计局《第三次全国农业普查主要数据公报》。

5. 乡村振兴背景下畜牧业高质量发展的基本路径

我国已经进入农业供给侧结构性改革的重要时期，如何应对消费结构升级的要求，加快提高畜牧产品供给质量和效率，是迫在眉睫的现实问题，必须遵循科学发展思路和理念。

5.1 发展思路和发展理念

乡村振兴战略以"产业兴旺、生态宜居、乡风文明、治理有效、生活富裕"为总要求，所以畜牧业高质量发展的总体思路应该为：以保障畜禽产品的有效供给、质量安全和养殖生态环境友好和谐为目标，以科技进步为支撑，坚持创新驱动，以加快推进标准化适度规模化为根本手段，促进畜牧业良种产业、现代饲料加工业、现代屠宰加工业和现代服务业的发展，走出一条具有中国特色的"高效、安全、健康、绿色"的畜牧业发展道路。

乡村振兴战略与"创新、协调、绿色、开放、共享"五大发展理念有机衔接（闫坤和鲍曙光，2019）。所以，乡村振兴战略背景下的畜牧业高质量发展应遵循以下五点发展理念：一是创新驱动。深入实施科技引领、创新驱动畜牧业发展战略，完善科技创新体系，以技术创新推动畜牧业新旧动能转化。二是要素协同。不断增强现代金融、人力资本等提升服务畜牧业效能，破除制约要素流动障碍，因地制宜优化要素配置效率，形成畜牧业与要素协同发展的高效机制。三是绿色发展。遵循绿色发展理念，坚持可持续发展，着力于提高自然资源利用率，促进畜牧业与生态系统协调发展。四是质量优先。统筹考虑动物福利改善和产品质量，加快推进畜产品标准化生产，建立完善畜产品质量安全监管体系。

五是开放合作。严格把握畜产品基本自给的原则，抓紧"一带一路"建设机遇，有效统筹国际国内两个市场两种资源，参与全球价值链分配，构建开放合作共赢的畜牧业产业体系。

5.2 实施路径

虽然我国畜牧业综合实力持续增强，但相较于发达国家，我国畜牧业产业化、规模化、标准化以及智能化水平有待提高，同时还面临着资源环境约束、国际政治经济局势多变、自然灾害频发等多种因素，所以必须要在各个环节坚持一张蓝图绘到底，巩固延续现有政策成果，深化政策措施。

5.2.1 强化技术创新推动畜牧业产业转型升级

一是以畜牧业科技进步为关键，不断完善畜牧业技术支持体系，加快组织研发和推广一批重大科技成果和先进实用技术。联合科研院所和高等院校，培养科研队伍，紧密围绕种业创新、精细饲养技术、屠宰加工工艺、生产环境控制手段、疫病防治技术等方面的基础研究和前沿技术研究，完善"政产学研"一体化运行保障机制。二是继续放宽和灵活科技政策，既要加强政府在政策上对农牧业科技的引导和调控作用，又要紧密联系市场需求，让企业成为科技创新的主体，兴办科研生产经营实体，不断完善基层技术推广体系，提高科研成果转化率。

5.2.2 建立健全现代畜牧业产业体系和经营体系

一是建立健全现代畜牧业融合性产业体系。不断优化调整农牧业结构，促进粮经饲统筹、农牧结合、种养加一体化，推动一二三产业融合发展，让农牧民分享更多产业链条各环节的利益。例如，内蒙古自治区从 2020 年开始推动实施牧区现代化三年行动方案，在进一步加强草原生态保护建设的基础上，以建设国家重要能源和战略资源基地、农畜产品生产基地为重点，加快发展肉牛、肉羊、马、奶食品等草原畜牧业。目前，四个牧区现代化试点在草场治理、畜牧业产能和效益提升、养殖加工集群建设、生态牧场观光旅游新业态发展等方面已经取得了显著成效。二是建立健全畜牧业经营体系。一方面，坚持农民主体地位，为农民在乡村振兴中发挥主体作用创造条件，继续开展多种形式的合作生产，积极引导和支持小规模散户走产业化、规模化和集约化的养殖道路。另一方面，培育和激励各类新型农业经营主体，推动建立以龙头企业为引领、农民合作社和家庭农牧场跟进、小规模养殖户参与的产业化联合体，构建紧密的利益联结机制。

5.2.3　提高畜牧业核心竞争力

一是重点扶持发展畜产品及副产品加工销售业。充分利用地方品种资源优势，发展具有地区资源优势和文化特色的加工产品，通过创建大型龙头企业集团来形成区域拳头产品品牌，打造加工产业集群。二是提升品牌畜产品的附加值。进一步发挥畜产品的品牌效应，着重建设品牌质量标准及认证体系。三是建立健全生产要素市场。一方面，协调产品销售市场、生产要素市场，在继续发展本地传统零售主体的基础上，鼓励和扶持农牧民、合作社等利用电子商务开拓市场，加快生产与消费终端的对接。另一方面，通过建立健全畜牧业社会化服务体系，有效整合畜牧业生产要素资源，形成由市场牵龙头企业、由龙头企业带动养殖户的社会化服务支持网络。

5.2.4　完善保障畜牧业高质量发展政策

一是加强法制保障。建立从种植、养殖、屠宰、加工、物流运输到消费等环节的质量安全监管机制，推进全程可追溯管理，严厉打击非法使用药物和添加剂行为。二是继续加大畜牧业产业财政扶持。继续实施良种补贴、农机具补贴、标准化规模场补贴、草原生态补奖政策等；鼓励政府购买动物防疫等方式推动社会化服务的发展，建立重大疫情应急机制和处置基金；稳步推进粮改饲试点工作，继续加大对饲草料种植业的扶持力度，统筹农牧区粮食秸秆等饲料资源的综合利用。三是不断加大金融支持力度。对重点环节加大投资，对符合条件的生产经营主体予以贷款担保和贴息；逐步完善畜牧业养殖保险机制，切实落实财政补贴保费资金。四是强化技术人才培养和技术指导。在积极探索新型职业农牧民培训模式、扩大人才队伍的同时，不断完善基层畜牧部门基础设施设备，优化职业兽医队伍发展环境，提高职业兽医业务素质。

参 考 文 献

[1] 刘刚，罗千峰，张利庠. 畜牧业改革开放 40 周年：成就、挑战与对策 [J]. 中国农村经济，2018（12）：19 – 36.

[2] 刘长全，韩磊，张元红. 中国奶业竞争力国际比较及发展思路 [J]. 中国农村经济，2018（7）：130 – 144.

[3] 彭超，刘合光. "十四五" 时期的农业农村现代化：形势、问题与对策 [J]. 改革，2020（2）：20 – 29.

[4] 唐莉，王明利，石自忠. 竞争优势视角下中国肉羊全要素生产率的国际比较 [J]. 农业经济问题，2019（10）：74 – 88.

[5] 王立贤，王立刚. 生猪种业的昨天、今天和明天 [J]. 中国畜牧业，2021（11）：24 – 27.

[6] 王明利. "十四五" 时期畜产品有效供给的现实约束及未来选择 [J]. 经济纵横，2020（5）：100 – 108.

[7] 王天威，钟瑾. 创制现代草产品加工科技体系 保障大粮食安全 [J]. 中国科学院院刊，2021，36（6）：675 – 684.

[8] 闫坤，鲍曙光. 财政支持乡村振兴战略的思考及实施路径 [J].

财经问题研究，2019（3）：90－97.

[9] 叶兴庆. 迈向 2035 年的中国乡村：愿景、挑战与策略 [J]. 管理世界，2021，37（4）：98－112.

[10] 于法稳，黄鑫，王广梁. 畜牧业高质量发展：理论阐释与实现路径 [J]. 中国农村经济，2021（4）：85－99.

[11] 张军扩，侯永志，刘培林，何建武，卓贤. 高质量发展的目标要求和战略路径 [J]. 管理世界，2019，35（7）：1－7.

[12] 钟钰. 向高质量发展阶段迈进的农业发展导向 [J]. 中州学刊，2018（5）：40－44.

[13] 周慧颖，王杰，张辉. 农民专业合作社必须从精英治理向合意治理变革 [J]. 农业经济问题，2019（6）：48－58.

[14] 朱鹏华，刘学侠. 乡村振兴背景下的农民合作组织发展：现实价值与策略选择 [J]. 改革，2019（10）：108－118.

专题四

肉羊产业养殖情况

肉羊养殖户品种改良技术采纳行为及其影响因素研究*

摘要： 在种业振兴的背景下，研究养殖户对品种改良技术的采纳行为对推进肉羊种业的振兴和肉羊产业的可持续发展具有重要意义。本文基于全国13个省（区）的肉羊养殖户的微观调研数据，采用 Heckman Probit 模型，从技术采纳成本和技术风险的视角切入，构建养殖户品种改良技术采纳行为的分析框架，对中国肉羊品种改良技术采纳的基本情况和技术采纳的作用机制进行分析。研究发现：农户禀赋、技术交易成本、技术经济风险和技术使用风险均对养殖户采纳品种改良技术产生影响。

关键词： 技术采纳行为；品种改良技术；Heckman Probit 模型

1. 引言

中国是世界羊肉生产大国，也是羊肉消费大国。随着人民生活水平的提高，居民消费不断升级，膳食结构也逐渐转型，具有高蛋白质、低胆固醇等特点的羊肉也越来越受到城乡居民的喜爱。然而，近年来，肉羊生产面临的生态环境和自然资源压力不断增大，饲草料短缺、生产方式不可持续等问题制约了生产规模的扩大，加之人工费用、饲草料价格等成本的快速上涨，养殖主体的生产经营压力较大，羊肉市场供给仍然面临着

---

* 本部分作者为许倍瑜和李军。

巨大的挑战。因此，提高羊肉的产量和品质，保障羊肉的长期有效供给以满足消费者日益增长的需求，是未来肉羊产业可持续发展的关键所在。

品种改良是提高肉羊生产能力、促进肉羊产业提质增效的重要途径。中国虽然有着丰富的肉羊种质资源，但其多数属于肉毛皮兼用的地方品种，产肉性能相对较弱，饲养效益有待提高（耿宁和李秉龙，2014）。因此，中国多年前就引入国外优良品种对本地品种进行改良，选育与培育生产力高的绵羊、山羊品种以提升产肉性能和繁殖性能（张英杰，2014）。经过多年努力，已经取得一定进展，对推动中国肉羊产业的发展发挥了重要作用。以我国首个由本地山羊杂交改良而育成的肉羊良种南江黄羊为例，南江黄羊在体重、日增重和体长等方面均较本地黄羊有显著的提升，分别比本地黄羊提高35.06%、39.17%和16.16%，表现出较好的生长性能。但同时也要看到，与国外草食畜牧业发达国家相比，目前中国肉羊种源依赖进口的局面未从根本上扭转，杂交改良的终端父本仍以国外良种为主。而且目前中国对现有的肉羊品种持续选育和优化利用程度不够，专门化肉用品种数量少、性能不高，这也是国内肉羊产业整体产能增长缓慢，产肉能力增长有限的主要原因。此外，肉羊产业还存在良种繁育体系不健全，缺乏有效的组织管理机构，一些育种场和生产场之间分工不明确不合理等问题，严重影响了母本和父本的持续良好选育；而新品种生成市场机制不强、投入机制不稳定等问题，也导致大多数育种技术只停留在科研层面迟迟无法落地实施转化为有效生产力。

"十三五"时期，国家进一步明确了种业在农业现代化过程中的战略性、基础性核心产业定位，要求种业按照创新驱动发展要求，深化种业机制体制改革，不断提升良种的自主创新和供应保障能力。在肉羊种业方面，2016年11月9日农业部发布《全国畜禽遗传资源保护和利用"十三五"规划》提出"积极开展本品种选育和杂交改良，加快培育适应市场需求的新品种"。"十四五"开局之年，中央一号文件《中共中央 国务院关于全面推进乡村振兴 加快农业农村现代化的意见》指出"打好种业翻身仗"。2021年4月20日，农业农村部发布《推进肉牛肉羊生产发展五年行动方案》强调，"推进良种繁育体系建设，持续推进引进品种本土化，培育专门化肉用新品种"。同年12月发布的《"十四五"全国畜牧兽医行业规划》中再一次强调，"提出加大特色畜禽品种商业化培育和地方品种产业化开发力度，扩大优质种群规模，加快良种繁育与推广"。2022年中央一号文件《中共中央 国务院关于做好2022年全面推进乡村振兴重点工作的意见》重点指出要"全面实施种业振兴行动法案，大力推进种源等农业关键核心技术攻关"。

养殖户是品种改良技术的采纳主体，也是品种改良技术的实施主体，是在实践中有效提升肉羊优良品种生产供给的"第一道关卡"。提高养殖户对品种改良技术的采纳需求，不仅有助于提高养殖户生产效率，而且能促进品种改良技术的扩散从而提高区域生产效率（许荣和肖海峰，2019）。在此背景下，分析影响养殖户品种改良技术采纳行为的主要因素，比较不同养殖户之间的影响差异，剖析这些影响因素产生作用的内在机制，能够为提高养殖户良种技术采纳率提供理论依据和实践参考。因此，本文结合技术采纳、交易成本理论，构建了养殖户品种改良技术采纳行为的分析框架，基于全国13个省（区）的肉羊养殖户的微观调研数据，从采纳成本和技术风险的角度探究养殖户肉羊品种改良技术采纳行为的主要影响因素，以期为促进品种改良技术的快速扩散与肉羊种业振兴相关政策的制定提供参考借鉴。

2. 理论分析

2.1 技术采纳模型

养殖户在面对一项新技术时，基于生产不确定性（例如生产风险不可控和行为后果的不确定性）和市场不确定性（例如市场价格的波动和市场信息不完全），养殖户的采纳技术行为决策不仅考虑利润的最大化，而且还会考虑风险的最小化。本文假设养殖户采纳技术时综合考量利润和风险，并追求效用最大化，养殖户的效用函数可表示为：

$$\mathrm{Max}E(U) = w_1 f(\cdot) - w_2 g(\cdot) \qquad (1)$$

在式（1）中，$w_1 + w_2 = 1$ 其中 w_1 和 w_2 分别为表示养殖户实现利润最大化和风险最小化的权重，$f(\cdot)$ 表示利润最大化决策的目标，$g(\cdot)$ 表示风险最小化的目标。养殖户对于品种改良技术采纳行为包括是否采纳和采纳强度两个阶段，在不同的采纳阶段，w_1 和 w_2 的相对大小发生变化。在是否采纳技术的决策阶段，养殖户更加关注采纳后的经济效益，具体表现为效用函数中 w_1 较大。而在采纳强度决策阶段，随着养殖户采纳强度的增强，养殖户面临的风险也越大。具体来说，养殖户决定采纳品种改良技术后，养殖户为规避风险，可能采取新旧技术相组合的方式（即养殖户部分采用品种改良技术）来降低技术采纳风险。因此，这一阶段的 w_2 的相对于第一阶段的值更大。总的来说，养殖户做出品种改良技术的采纳决策，都以利润最大化和风险最小化的目标，实现养殖户自身效用最大化。

从养殖户实现利润最大化的角度来看，本文借鉴孔祥智（2004）的研究思路，认为养殖场户对品种改良技术的采纳行为实质上是在对采纳品种改良技术给自身带来的预期收益与原有技术的净收益进行理性比较后，进行是否采纳该技术的行为决策，即：

$$p_1 y_1 - (w + c)m \geqslant p_0 y_0 - cm \qquad (2)$$

在式（2）中，y_1 为采纳品种改良技术的产量，y_0 为未采纳品种改良技术的产量；w 采纳技术新增单位成本，c 为未采纳技术的单位成本（采纳技术前后的不变成本），m 养殖规模。p_1 采纳品种改良技术时养殖户面临的市场价格，p_0 为未采纳品种改良技术时养殖户面临的市场价格。

基于农产品市场的不完善以及养殖户采纳品种改良技术生产的肉羊

与未采纳品种改良技术生产的肉羊在产品销售环节难以区分，本文假设养殖户为价格接受者，肉羊的产品价格由市场决定，即 $p_1 = p_0$，由式（2）可得：

$$p_1(y_1 - y_0) - w \cdot m \geq 0 \tag{3}$$

由式（3）可知，就实现利润最大化目标而言，$f(\cdot)$ 由养殖户采纳前后的产量差异 $(y_1 - y_0)$ 以及预期采纳后增加的额外成本 $(w \cdot m)$ 共同决定。函数表达式可表示为：

$$f(\cdot) = f[p_1, y_1, y_0, w \cdot m] \tag{4}$$

对于养殖户来说，预期采纳后新增的额外成本 $(w \cdot m)$ 主要由技术交易成本 (C_T) 构成。技术交易成本是指养殖户为采纳品种改良技术而发生的成本，具体表现为养殖户为寻找合适的种羊，在市场上搜寻关于种羊质量和价格信息而产生的搜寻成本和信息成本；养殖户在购买种羊时，仅能根据其表型（如体型外貌）对种羊的内在遗传素质（如繁殖性能和肉用性能）和健康水平进行判断而形成的监督成本。

由于养殖户采纳新技术后产出存在不确定性，采纳新技术后的产量为 $y_1 = f_1(m)e(z)$，其中 $f_1(m)$ 为采纳品种改良技术后的生产函数，$e(z)$ 为随机变量。而未采纳品种改良技术其相应的生产函数是非随机的，即 $y_0 = f_2(m)$。遵循经典假设，将 z 视作农户禀赋的线性函数，则有：

$$z = \alpha + \sum_{i=1}^{n} \beta_i x_i + u \tag{5}$$

在式（5）中，x_i 表示农户的第 i 项禀赋；α、β_i 为待估系数；u 为随机误差项。

因此，养殖户的利润最大化目标函数可进一步表示为：

$$\text{Max} f(\cdot) = f[p_1, y_1(Z), y_0, w(C_T) \cdot m] \tag{6}$$

就风险最小化目标而言，养殖户在采纳品种改良技术时，会产生技术风险。技术风险 (R) 是指养殖户采纳品种改良技术后由于收益的不确定性或使用不当而产生的风险。具体而言，技术风险 (R) 主要包括因实施效果不佳导致收益不高而形成的经济风险（R_E）以及将外来种羊到引入原有羊群中可能会带来的使用风险（R_T）。具体表达式如下：

$$R = R_E + R_T \qquad (7)$$

因此，养殖户的风险最小化目标可表示为：

$$\mathrm{Max}\, g(\,\cdot\,) = g[R_E, R_T] \qquad (8)$$

将式（7）和式（8）代入式（1）中，可得养殖户采用品种改良技术的总效应函数：

$$\mathrm{Max}\, E(U) = w_1 f[p_1, y_1(Z), y_0, w(C_T)\cdot m] - w_2 g[R_E, R_T] \qquad (9)$$

由式（9）可知，养殖户采纳品种改良技术的行为决策主要受到农户禀赋、技术交易成本、技术经济风险以及技术使用风险四个方面因素的影响。

2.2　研究假设

根据上述养殖户采纳品种改良技术行为的理论模型，本文认为农户禀赋、技术交易成本、技术经济风险以及技术使用风险四类变量均对养殖户品种改良技术采纳行为产生影响。

2.2.1　农户禀赋

农户禀赋包括家庭禀赋和以家庭决策者为代表的个人禀赋。其中，家庭主要决策者的个体特征主要包括年龄、受教育程度、风险偏好等（侯麟科，2014；陈新建和杨重玉，2015；姚科艳等，2018；佟大建等，2018），这些因素能够反映行为主体的偏好与能力，影响养殖户采纳品种改良技术的行为。家庭禀赋主要包括借贷能力、家庭劳动力人数、养殖收入占比、养殖规模等（孔祥智等，2004；谈存峰等，2017；苑甜甜等，2021），这些因素代表家庭所拥有的物质基础和资源条件，它能够为品种改良技术的采纳提供保障。

综上分析，提出本文假设1：农户禀赋影响养殖户对品种改良技术采纳行为。

2.2.2　技术交易成本

根据理论模型，养殖户采纳品种改良技术的技术交易成本可以分为信息搜索成本和监督成本两类。具体来看：①信息搜寻成本。养殖户在采纳品种改良技术前确认交易对象的过程中，会产生因种羊质量和价格信息而形成的搜寻成本。技术培训、产业组织、同行交流以及信息获取媒介将影响养殖户的信息搜寻成本（李宪宝，2017；沈鑫琪和乔娟，2019；刘可等，2020）。技术培训是养殖户了解、学习、掌握农业新技术的重要途径，通过农业技术培训，养殖户可以获得采纳品种改良技术相关的信息，降低养殖户的信息搜寻成本（罗明忠等，2021）。养殖户与产业组织建立纵向合作，可能从中获取有助于采纳的品种改良技术的资源和要素，降低技术搜寻成本，从而越有可能采纳该技术（万凌霄和蔡海龙，2021）。同行交流是养殖户通过社会网络实现信息共享的过程，能够使养殖户在采纳农业技术时获取更多的外界帮助和相关的种羊信息，从而在采纳品种改良技术上更加积极主动（王格玲和陆迁，2015；耿宇宁等，2017）。随着同行之间交流的频繁，技术在农户间的传播扩散速度也随之提高，而且能通过实现"干中学"的方式有效降低农户技术采纳的交易成本，从而促使其采纳该技术（杨志海，2018）。获取全面有效的信息能使养殖户更好地把握市场动态，了解新技术知识，掌握优质种羊的相关信息，缓解买卖双方的信息不对称，提高养殖户采纳的可能性（姜维军等，2021）。不同性质的媒介对个体获取信息的成本和行为决策具有不同的影响。相较于传统信息获取媒介（报纸、杂志、广播和电视），新媒体信息获取媒介（互联网和手机）在信息搜寻方面更具实效性和全面性，对降低交易成本的影响程度存在差异（杨柠泽等，2021）。②监督成本。养殖户采纳品种改良技术，需与供种方进行谈判、签约和制定协议等，并在事后对交易对象进行追踪、监督、验货，从而形成监督成本。养殖户进行购买种羊交易时，对种羊进行质量控制（如向供种方索要遗传谱系、检疫等证明）能保障种羊血统的纯正，降低养殖户的监督成本，进而提高养殖户采纳品种改良技术的意愿，促进其行为的采纳。

综上分析，提出本文假设2：技术交易成本影响养殖户对品种改良技术采纳行为。技术培训、同行交流频率的增加以及信息获取媒介的扩大能够降低养殖户的信息搜寻成本；同时，对种羊质量进行控制能够降低养殖户监督成本，进而促使养殖户采纳品种改良技术。

2.2.3　技术经济风险

技术经济风险是养殖户采纳品种改良技术面临的重要技术风险。相较于农作物，禽畜生物间的生长模式、生物性特征差别较大，故采用品种改良技术存在更大的风险，经济效益不确定性更强。与此同时，畜禽良种补贴政策的实施在一定程度上能够弥补采纳品种改良技术可能带来的经济损失，从而降低技术经济风险，激励养殖户采纳品种改良技术（石志恒和张可馨，2022）。

综上分析，提出本文的假设3：技术经济风险影响养殖户对品种改良技术采纳行为，良种补贴能够降低技术经济风险从而促进养殖户品种改良技术的采纳。

2.2.4　技术使用风险

品种改良技术作为一种农业新技术，养殖户采纳品种改良技术也面临着技术适用性问题，主要包括疾病风险和应激风险。疾病风险指的是养殖户采纳品种改良技术，将外来种羊引入原有羊群中可能会产生引进新病原的风险。疾病防疫水平越高，技术使用风险越低。应激风险指的是羊只面对新的饲养环境，可能会产生应激反应影响品种改良技术的效果发挥所带来的风险。提高养殖户的环境控制水平，能够降低种羊引入带来的技术使用风险，从而提高养殖户采纳品种改良技术的可能性（沈鑫琪和乔娟，2019）。

综上分析，提出本文的假设 4：技术使用风险影响养殖户对品种改良技术采纳行为。养殖户对疾病防疫和环境控制水平的提高能降低技术使用风险进而提升养殖户对品种改良技术的采纳。

3. 变量选择与模型设定

3.1 变量选择

本文数据来源于通过委托国家肉羊产业技术体系分布于全国 13 个省（区）的 6 个功能研究室和 20 个综合试验站 50 余位的岗站专家于 2021 年 10 月至 12 月通过实地调研或电话调研获得。调查共回收问卷 557 份，剔除信息缺失、前后回答有误和不符合实际的样本之后，最终获得有效问卷 414 份，问卷有效率为 74.3%。考虑到我国各个区域肉羊生产情况和地域特性，本文调查区域涉及全国 13 个省（区）覆盖了我国四大肉羊优势产区，调研样本既有来自牧区的样本，又有来自农区、南方草坡的样本，在地理分布上能够较为全面地代表我国肉羊养殖户的基本情况。

根据前述理论假设，本文将被解释变量设定为养殖户的品种改良技术采纳行为，并参考参考韩丽敏等（2021）的研究，具体用养殖户"是否外购良种种羊"来衡量是否采纳品种改良技术以及用养殖户"羊场内种羊是否全部为外购良种"来衡量采纳品种改良技术程度。本文的解释变量分为养殖户家庭禀赋、技术交易成本、技术经济风险、技术使用风险四类。其中，养殖户家庭禀赋主要包括家庭生产经营决策人年龄、受教育程度、养殖经验、家庭劳动力数量、家庭借贷情况、养殖收入、养

殖规模等。技术交易成本主要采用技术培训参与、产业组织参与、同行
交流、信息获取、种羊质量控制等情况进行衡量。技术经济风险主要采
用是否获取良种补贴来衡量。技术使用风险主要从疾病防控水平和环境
控制水平两个方面进行衡量。同时，为解决技术采纳的自选择问题，将
"养殖场与最近种羊场的距离"作为工具变量。变量定义及描述性统计如
表1所示。

表1　　　　　　　　　　变量定义及描述性统计

特征变量	变量名称	变量定义	均值	标准差
品种改良技术采纳行为	是否采纳品种改良技术	外购良种种羊 = 1；未外购良种种羊 = 0	0.59	0.49
	采纳品种改良技术程度	羊场内全部种羊都是外购良种 = 1；部分种羊是外购良种 = 0	0.37	0.48
养殖户家庭禀赋	年龄	年龄（岁）	46.15	9.81
	受教育年限	受教育年限（年）	8.60	3.39
	养殖年限	养殖年限（年）	10.95	8.12
	风险偏好	风险大收益大 = 3；介于两者之间 = 2；风险小收益小 = 1	2.15	0.68
	家庭劳动力数量	家庭劳动力数量（人）	2.49	1.00
	是否借贷	是 = 1；否 = 0	0.54	0.49
	养殖收入占比	养殖收入/家庭总收入（%）	0.64	0.27
	养殖规模	2020 年，养殖户饲养的羊只数量（只）	431.67	661.23
技术交易成本	技术培训	得到技术培训次数（次）	2.24	3.37
	产业组织参与	参与产业组织 = 1；未参与产业组织 = 0	0.47	0.50
	同行交流	经常 = 5；较多 = 4；一般 = 3；较少 = 2；几乎没有 = 1	3.90	0.93
	信息获取渠道	信息获取新媒介 = 1；信息获取传统媒介 = 0	0.32	0.47
	种羊质量控制	提供禽畜合格证、检疫合格证和种羊遗传谱系 = 1；没有提供任何证明 = 0	0.51	0.50
技术经济风险	获取良种补贴	是 = 1；否 = 0	0.33	0.47

特征变量	变量名称	变量定义	均值	标准差
技术使用风险	疾病防控水平	与最近兽医站的距离（千米）	16.95	25.79
	环境控制水平	采暖、通风、清洗消毒、粪便处理的设备种类数（个）	2.64	2.55
工具变量	与最近种羊场的距离	养殖场到最近种羊的距离（千米）	39.01	74.68

3.2 模型构建

基于前文的理论模型分析框架，养殖户面对存在的技术风险和市场风险，采纳品种改良技术并非只有采纳与否的区别，还存在采纳强度的差异。因此，本文将养殖户的品种改良技术分为两个决策阶段。第一阶段是养殖户决定是否采纳品种改良技术，第二阶段是养殖户决定采纳技术的程度，即养殖户全部采纳品种改良技术，还是部分采纳品种改良技术。在实际调研中仅能观察到已经采纳品种改良技术的养殖户的采纳程度，若仅考察这部分样本的采纳程度，而忽略了未采纳品种改良技术养殖户的采纳程度，可能导致样本选择性偏差，造成估计结果有偏。本文参考谢文宝等（2018）、沈鑫琪和乔娟等（2019）的研究，采用 Heckman Probit 选择模型能有效消除样本选择的偏差。

具体而言，第一阶段采用二值 Probit 模型分析养殖户是否采纳品种改良技术，选择方程可表示为：

$$Z_i^* = w_i\gamma + u_i \tag{10}$$

$$Z_i = \begin{cases} 1, & if\, Z_i^* > 0 \\ 0, & if\, Z_i^* \leq 0 \end{cases}$$

Z_i^* 表示养殖户采纳品种改良技术的概率，由一系列可观测变量 w_i 决定；w_i 表示第 i 个样本的特征变量，具体指农户禀赋、技术交易成本、技术经济风险、技术使用风险；γ 为待估系数；u_i 为随机误差项。通过式（10）的结果估计，可以得到逆米尔斯比率 IMR，具体公式如下：

$$IMR = \Phi(w_i\hat{\gamma})/\varphi(w_i\hat{\gamma}) \qquad (11)$$

在式（11）中 $\Phi(w_i\hat{\gamma})$ 表示 $w_i\hat{\gamma}$ 的正态分布函数，$\varphi(w_i\hat{\gamma})$ 表示变量 $w_i\hat{\gamma}$ 的累计密度函数。将计算所得的逆米尔斯比率 IMR 加入第二阶段回归，保证数据回归无偏性。

第二阶段养殖户品种改良技术采纳程度模型表达式为：

$$Y_i = X_i\beta + \alpha \cdot IMR + \varepsilon_i \qquad (12)$$

在式（12）中，Y_i 表示养殖户采纳品种改良技术的采纳强度，X_i 为可能影响养殖户品种改良技术采纳程度的因素，α、β 为待估参数，ε_i 为随机干扰项。若 α 通过了显著性检验，则说明存在选择性偏误。Heckman 两阶段模型要求 X_i 是 w_i 的一个严格子集，即至少存在一个影响农户是否采纳品种改良技术但对采纳强度没有偏效应的变量。因此本文使用"到种羊场的距离"作为影响养殖户品种改良技术采纳行为但对采纳程度没有偏效应的工具变量。

4. 模型估计与结果分析

4.1 实证结果分析

采用 Stata 16.0 统计软件，运用 Heckman Probit 两阶段模型对养殖户品种改良技术采纳行为选择和采纳强度进行估计。逆米尔斯比率的值为 0.61，并且在 5% 的显著水平上显著，表明样本确实存在选择性偏误问题，即养殖户是否采纳品种改良技术与采纳强度决策存在联系，可以使用 Heckman Probit 模型进行分析。Wald 检验值在 1% 的水平上显著，表明模型整体拟合效果好，结果如表 2 所示。

表 2 　　　　　　　养殖户品种改良技术采纳行为模型估计结果

解释变量		采纳决策		采纳强度	
		系数	标准差	系数	标准差
农户禀赋	年龄	− 0.019 *	0.011	− 0.001	0.006
	受教育年限	− 0.067 *	0.036	− 0.001	0.019
	养羊年限	− 0.005	0.014	0.002	0.007
	风险偏好	0.387 ***	0.141	0.064	0.070
	劳动力人数	− 0.138 *	0.074	− 0.057	0.041
	是否借贷	0.650 ***	0.186	0.133	0.103
	养殖收入占比	− 1.285 ***	0.365	− 0.325 **	0.157
	养殖规模	0.226 **	0.116	0.015	0.059
技术交易成本	技术培训	0.004	0.036	0.018	0.044
	加入产业化组织	− 0.556 **	0.243	− 0.137	0.122
	同行交流	0.207 **	0.102	0.057	0.044
	信息获取渠道	0.418 **	0.199	0.163 *	0.095
	种羊质量控制	1.491 ***	0.200	0.336 *	0.187
技术经济风险	良种补贴	0.763 ***	0.235	0.222 **	0.104
技术使用风险	与兽医站的距离	− 1.054 ***	0.294	− 0.129	0.144
	环境控制设备	− 0.006	0.004	− 0.006 ***	0.002
工具变量	与最近种羊场的距离	0.218 *	0.112	—	—
	地区	已控制	已控制	已控制	已控制
逆米尔斯比率		0.612 **			
N		414			
Wald 检验		101.22 ***			

注：＊、＊＊、＊＊＊分别表示在 10%、5%、1% 的水平上显著。

根据实证检验结果，可以看出农户禀赋、技术交易成本、技术经济风险和技术使用风险对养殖户品种改良技术的采纳行为决策和采纳程度有较为显著的影响，下面就这四类变量对结果进行具体的解释说明。

（1）农户禀赋。农户禀赋中的年龄、受教育年限、风险偏好、劳动力人数、是否借贷、养殖收入占比以及养殖规模均对养殖户采纳品种改良技术的采纳决策产生显著影响，但对采纳程度的影响并不显著。而仅有养殖收入占比对养殖户品种改良技术的采纳程度影响显著。

具体而言：①年龄变量符号为负，与预期相符，且通过显著性检验，表明越年轻的养殖户采纳品种改良技术可能性越大。②受教育年限与品种改良技术的采纳决策具有负向影响，与预期假设相反，并在10%的水平上显著，说明受教育年限越高，养殖户越少采纳品种改良技术。可能的解释是虽然受教育年限较高的养殖户更容易学习和掌握品种改良技术，但是他们往往也会对技术的风险、效益进行更为全面的评估，从而阻碍品种改良技术的采纳行为。③养羊年限对品种改良技术并不显著，说明养羊年限对品种改良技术的采纳的影响并不明显。可能的解释是随着现代信息社会的发展，养殖户可以通过互联网等多种渠道获取养殖技术与知识，而养殖年限较少的养殖户也可以通过学习相关知识，弥补自身养殖经验的不足，从而提高养殖技术水平。④养殖户的风险偏好程度对品种改良技术在1%的水平上显著，表明越爱好风险的养殖户，越有采纳品种改良技术的倾向，符合本文的预期猜想，与农业技术采纳理论研究和实证研究结论一致。⑤劳动力人数与养殖户品种改良技术的采纳决策呈负相关，并在10%的水平上显著，与预期假设相反。可能的原因是随着劳动力人数的增加，养殖户养殖成本提升，从而抑制品种改良技术的采纳行为。⑥是否借贷对养殖户品种改良技术采纳决策有正向影响，并在1%的水平上显著，该结果说明进行过借贷的养殖户，越有倾向采纳品种改良技术，符合假设预期。⑦养殖收入占比在品种改良技术的采纳决策模型和采纳程度模型中均在5%的水平上显著，系数为负，与预期不符。可能的原因是虽然养殖收入占比较低的养殖户从事肉羊养殖的机会成本较高，但其家庭收入的来源丰富，并不依赖于养殖业收入，抗风险能力强，从而提高了对品种改良技术的采纳率。⑧养殖规模对养殖户品种改良技术的采纳决策存在显著正向影响，符合研究假设预期，表明养殖规模的扩大有助于养殖户采纳品种改良技术。

（2）技术交易成本。表征养殖户技术交易成本的变量中产业化组织参与、同行交流、信息获取渠道、种羊质量控制均对养殖户品种改良技术的采纳决策影响显著，而仅有信息获取渠道和种羊的质量控制对养殖户品种改良技术的采纳程度产生显著影响。

具体来说：①技术培训变量符号为正，符合研究假设预期，但在采纳决策模型和采纳程度模型中均未通过显著性水平检验，说明技术培训对养殖户采纳品种改良技术的影响并不显著。可能的解释是一方面技术培训的传播的技术知识具有一定的局限性，更多的是将饲喂管理技术扩散给参与培训的养殖户，而未重点培训育种技术，故其对品种改良技术的扩散并不明显。另一方面，养殖户本身的综合文化素质不高，未能及时将参加技术培训获取的知识信息转化为对品种改良技术的采纳，这在一定程度上也影响了品种改良技术的采纳率。②加入产业化组织对养殖户采纳品种改良技术的影响在5%的水平上显著，且符号为负，与预期不符。可能的原因是现阶段产业化组织发展不平衡、整体水平不高，产业化组织与养殖户之间并未形成稳定的联结机制，有效技术服务供给不足，使得养殖户虽然参加产业化组织，但却并未提升其对品种改良技术的采纳。③同行交流对养殖户品种改良技术采纳决策有正向影响，并在5%的水平上显著，说明经常与同行进行交流的养殖户更倾向于采纳品种改良技术。而同行交流对品种改良技术采纳程度并未具有显著性影响。④养殖户获取信息的渠道对养殖户品种改良技术的采纳决策和采纳程度均有正向影响，并在5%的水平上显著，表明获取信息的新媒介（如互联网和手机）是养殖户获取信息的重要途径，通过使用互联网等新媒介获取信息有助于品种改良技术的采纳。⑤种羊质量控制对养殖户品种改良技术的采纳决策和采纳程度均产生显著正向影响，说明对种羊进行质量控制，供种方提供禽畜合格证、检疫合格证和种羊遗传谱系，能有效降低养殖户采纳品种改良技术的交易成本，促进养殖户对品种改良技术的采纳。

（3）技术经济风险。养殖户是否获得良种补贴在采纳决策和采纳程度两个模型中均在5%的水平上显著，且符号符合预期为正，从中可看出是否获得良种补贴是促进养殖户采纳品种改良技术的重要因素。良种补贴可以降低养殖户采纳技术的经济风险，能有效促进品种改良技术的采纳决策。但值得注意的是，是否获得良种补贴对养殖户品种改良技术采纳决策的促进作用更强，可能的原因是目前良种补贴政策实施范围有限，仅对部分地区的养殖户实施，而且补贴的数量有限。例如，2020年云南省给予2000只良种种羊补贴名额，补贴标准为800元/只，补贴对象为存栏能繁母羊30只以上的养殖户。因此，良种补贴对品种改良技术采纳程度的影响不如采纳决策大。

（4）技术使用风险。表征技术使用风险的变量中，养殖场与兽医站的距离对养殖户品种改良技术的采纳决策影响显著，而环境控制设备种类对养殖户的技术采纳程度影响显著。具体而言：①养殖场与兽医站的距离在养殖户品种改良技术采纳决策模型中系数为负，且在1%的水平上显著，符合研究假设预期。养殖场与兽医站的距离越近，养殖户获取疾病防控服务越便利，越能快速应对引进良种发生的疾病风险。但养殖场与兽医站的距离在品种改良技术采纳程度模型中并未通过显著性检验，说明其对品种改良技术采纳程度影响并不明显。②环境控制的设备种类仅在采纳程度模型中显著，且符号为负，与预期不符。可能的解释是养殖户具备的环境控制的设备越多，其付出的养殖成本越高，从而替代了对品种改良技术的采纳，抑制养殖户品种改良技术采纳程度的提升。

4.2 稳健性检验

为了考察研究方法的稳定性和可靠性，本文通过变更计量模型的方法对基准回归结果进行稳健性检验。针对"是否采纳"和"采纳强度"

的数据，学者们一般采用 Heckman 两步法、Tobit 模型和 Double – Hurdle 模型进行研究。其中 Double – Hurdle 模型的两阶段决策是相互独立的。而 Tobit 模型将两阶段决策视为同一过程，更加符合养殖户采纳品种改良技术的实际情况。因此，采用 Tobit 模型进行稳健性检验，具体结果如表 3 所示。从表中 Tobit 模型的估计结果与 Heckman Probit 模型估计结果较为一致，表明基准回归结果较为稳健。

表3　　　　养殖户品种改良技术采纳行为模型稳健性检验结果

解释变量		采纳强度	
		系数	标准误
农户禀赋	年龄	− 0.017	0.011
	受教育年限	− 0.053	0.037
	养羊年限	0.001	0.015
	风险偏好	0.394 **	0.159
	劳动力人数	− 0.201 *	0.110
	是否借贷	0.408 ***	0.200
	养殖收入占比	− 1.394 ***	0.418
	养殖规模	0.308 **	0.132
技术交易成本	技术培训	0.039	0.033
	加入产业化组织	− 0.399 *	0.238
	同行交流	0.228 **	0.113
	信息获取渠道	0.488 **	0.219
	种羊质量控制	1.393 ***	0.228
技术经济风险	良种补贴	0.897 ***	0.261
技术使用风险	与最近兽医站距离	− 0.880 ***	0.335
	环境控制设备	− 0.010 *	0.005
工具变量	与最近种羊场距离	0.451 *	0.234
地区		已控制	已控制
常数项		3.314 **	1.364
N		414	
Pseudo R^2		0.229 ***	

注：* 、** 、*** 分别表示在10% 、5% 、1% 的水平上显著。

5. 结论与启示

　　基于肉羊养殖户微观调查数据，本文利用 Heckman Probit 模型对养殖户品种改良技术采纳行为进行定量分析，从而探究影响养殖户对品种改良技术的采纳行为的关键因素，主要得出如下结论。

　　在养殖户品种改良技术采纳决策中，农户禀赋中的年龄、受教育年限、风险偏好、劳动力人数、是否借贷、养殖收入占比以及养殖规模均对养殖户采纳品种改良技术具有显著影响；技术交易成本中的产业化组织参与、与同行交流频繁、运用现代媒介获取信息能降低技术搜寻成本、对种羊质量控制降低监督成本，从而提高养殖户对品种改良技术的采纳率；养殖户获取良种补贴通过降低养殖户采纳技术的经济风险，促进其技术的采纳；疾病防控水平越高的养殖户越有可能采纳品种改良技术。同时，在对养殖户品种改良技术采纳程度上，养殖户的现代信息获取媒介、种羊质量控制、获得良种补贴、养殖业收入占比越低、环境控制设备种类越少的养殖户的品种改良技术的采纳程度更高。

　　因此，为促进肉羊良种的扩散、提高养殖户对品种改良技术的采纳率，推动肉羊种业振兴和产业可持续发展，可以从以下三个方面着手提升：第一，加大品种改良相关补贴力度。加大良种补贴力度能够有效降低养殖户采纳技术的经济风险，进而提高其对技术的采纳率，加速技术扩散。第二，完善良种技术推广服务体系。本文结论表明，同行交流、信息获取渠道、种羊质量控制等通过降低养殖户采纳技术的交易成本进而提高其采纳程度。政府应该积极引导非正式制度等因素在技术推广中的重要作用，尤其是加强农村地区的信息化建设，拓宽养殖户获取信息的渠道。此外，政府应不断完善供种制度，保障养殖户获取种羊的质量以降低品种改良技术的监督成本。第三，针对不同的养殖户群体采取差异化的技术推广手段。本文研究发现养殖户品种改良技术的采纳行为呈明显的异质性。因此有必要识别异质性养殖户的需求，例如对不同养殖规模、不同畜牧业经营依赖程度的养殖户开展具有针对性、有差异性的技术推广策略，最终提高技术采纳率和采纳程度。

参 考 文 献

[1] 陈新建，杨重玉. 农户禀赋、风险偏好与农户新技术投入行为——基于广东水果种植农户的调查实证 [J]. 科技管理研究，2015，35（17）：131 - 135.

[2] 耿宁，李秉龙. 我国肉羊良种培育与推广现状、问题与对策分析 [J]. 中国草食动物科学，2014（S1）：371 - 375.

[3] 耿宇宁，郑少锋，陆迁. 经济激励、社会网络对农户绿色防控技术采纳行为的影响——来自陕西猕猴桃主产区的证据 [J]. 华中农业大学学报（社会科学版），2017（6）：59 - 69，150.

[4] 韩丽敏，潘丽莎，李军. 养羊（场）户品种改良技术采纳意愿影响因素分析——基于13省477份调研问卷数据 [J]. 中国农业资源与区划，2021，42（3）：199 - 206.

[5] 侯麟科，仇焕广，白军飞，徐志刚. 农户风险偏好对农业生产要素投入的影响——以农户玉米品种选择为例 [J]. 农业技术经济，2014（5）：21 - 29.

[6] 姜维军，颜廷武，张俊飚. 互联网使用能否促进农户主动采纳秸秆还田技术——基于内生转换 Probit 模型的实证分析 [J]. 农业技术经济，2021（3）：50 - 62.

[7] 孔祥智，方松海，庞晓鹏，马九杰. 西部地区农户禀赋对农业技术采纳的影响分析 [J]. 经济研究，2004（12）：85 - 95，122.

[8] 李宪宝. 异质性农业经营主体技术采纳行为差异化研究 [J].

华南农业大学学报（社会科学版），2017，16（3）：87 - 94.

[9] 刘可，齐振宏，杨彩艳，叶孙红，刘玉孝. 邻里效应与农技推广对农户稻虾共养技术采纳的影响分析——互补效应与替代效应 [J]. 长江流域资源与环境，2020，29（2）：401 - 411.

[10] 罗明忠，林玉婵，邱海兰. 风险偏好、培训参与和农户新技术采纳——基于河南省1817份农户问卷调查数据的实证检验 [J]. 干旱区资源与环境，2021，35（1）：43 - 48.

[11] 沈鑫琪，乔娟. 生猪养殖场户良种技术采纳行为的驱动因素分析——基于北方三省市的调研数据 [J]. 中国农业资源与区划，2019，40（11）：95 - 102.

[12] 石志恒，张可馨. 农户绿色防控技术采纳行为研究——基于"信息—动机—行为技巧"干预模型 [J]. 干旱区资源与环境，2022，36（3）：28 - 35.

[13] 谈存峰，张莉，田万慧. 农田循环生产技术农户采纳意愿影响因素分析——西北内陆河灌区样本农户数据 [J]. 干旱区资源与环境，2017，31（8）：33 - 37.

[14] 佟大建，黄武，应瑞瑶. 基层公共农技推广对农户技术采纳的影响——以水稻科技示范为例 [J]. 中国农村观察，2018（4）：59 - 73.

[15] 万凌霄，蔡海龙. 合作社参与对农户测土配方施肥技术采纳影响研究——基于标准化生产视角 [J]. 农业技术经济，2021（3）：63 - 77.

[16] 王格玲，陆迁. 社会网络影响农户技术采用倒"U"型关系的检验——以甘肃省民勤县节水灌溉技术采用为例 [J]. 农业技术经济，2015（10）：92 - 106.

[17] 谢文宝，陈彤，刘国勇. 乡村振兴背景下农户耕地质量保护技术采纳差异分析 [J]. 改革，2018（11）：117 - 129.

[18] 许荣，肖海峰. 技术采用对畜牧业生产技术效率的影响效应分析——基于4省细毛羊养殖户的实证分析 [J]. 中国农业大学学报，

2019，24（5）：214 - 223.

[19] 杨柠泽，周静，马丽霞，唐立强. 信息获取媒介对农村居民生计选择的影响研究——基于 CGSS2013 调查数据的实证分析 [J]. 农业技术经济，2018（5）：52 - 65.

[20] 杨志海. 老龄化、社会网络与农户绿色生产技术采纳行为——来自长江流域六省农户数据的验证 [J]. 中国农村观察，2018（4）：44 - 58.

[21] 姚科艳，陈利根，刘珍珍. 农户禀赋、政策因素及作物类型对秸秆还田技术采纳决策的影响 [J]. 农业技术经济，2018（12）：64 - 75.

[22] 苑甜甜，宗义湘，王俊芹. 农户有机质改土技术采纳行为：外部激励与内生驱动 [J]. 农业技术经济，2021（8）：92 - 104.

[23] 张英杰. 羊生产学 [M]. 北京：中国农业大学出版社，2015：144 - 145.

养羊户（场）品种改良技术采纳意愿影响因素分析

——基于 13 省（区）477 份调研问卷数据*

摘要： 基于全国 13 省（区）477 份问卷数据，对我国养羊（场）户品种改良技术采纳意愿影响因素进行分析。运用多元有序 Logit 模型，选取决策者自身特征、生产经营特征、组织特征、环境特征、认知与预期特征共 4 类 17 个变量，分析其对养羊（场）户品种改良技术采纳意愿的影响。结果发现 17 个变量中，受访者的年龄、养殖年限、社会网络关系、获取信息难度、对自家目前肉羊品种改良技术改进必要性认知、对品种改良技术风险认知、规模扩大预期以及政府政策等变量对其品种改良技术采纳意愿具有显著影响。本文得出以下研究结论：首先政府应加大对养羊（场）户品种改良技术采纳补贴资金或政策扶持力度，降低其技术采纳成本和风险；其次集中在某一地区进行合理地技术推广布局，激活其社会网络内部的信息传播机制，降低养羊（场）户获取信息难度；然后推广技术的同时，尽量告知养羊（场）户改良后品种在饲养管理等方面需要注意的问题，帮助其降低风险；最后多渠道推动我国肉羊产业规模化发展，提高其整体的品种改良技术采纳能力及风险抵御能力。

关键词： 肉羊产业；品种改良技术；采纳意愿；影响因素；多元有序 Logit 模型

---

* 本部分作者为韩丽敏、潘丽莎和李军。

1. 引言

改革开放以来，我国畜牧业迅速发展。1978～2017 年，畜牧业产值从 209.3 亿元增长至 29 361.19 亿元，增长了 139.28 倍。肉羊产业是我国畜牧业的重要组成部分，我国拥有世界上最大的羊存栏量、出栏量和羊肉产量，肉羊产业的迅速发展对增加我国畜牧业总产值、改善我国畜牧业生产结构和居民消费结构、满足居民尤其边疆少数民族动物性食品消费需求、解决边疆民族民生问题等具有重要意义。1980～2017 年，我国羊存栏量由 18 731.1 万只增长至 30 231.7 万只，增长了 61.40%；羊出栏量由 4 241.9 万只增长至 30 797.7 万只，增长了 6.26 倍；羊肉产量从 44.5 万吨增长至 471.7 万吨，增长了 10.6 倍，我国肉羊产业羊肉产品供给能力迅速提高[①]。农村居民人均羊肉消费量从 0.3 千克增长至 1.0 千克，增长了 2.3 倍；城镇居民人均羊肉消费量从 0.7 千克增长至 1.6 千克，增长了 1.3 倍，[②] 高蛋白、低胆固醇、味道鲜美的羊肉产品已成为城乡居民饮食中不可缺少的组成部分，市场需求增长潜力很大。但目前，我国肉羊产业发展面临草原生态恶化、国家环保政策压力、土地等生产投入要素短缺以及高疫病风险等挑战，羊肉供需缺口形势严峻；且 2018 年中国羊肉总进口量为 31.90 万吨，占全球总进口量的 25.72%，进口总额为 13.09 亿美元，进口总量和进口总额同比 2017 年分别上升了 28.14% 和 49.04%，我国肉羊产业发展的进口竞争压力日益增大。[③] "保供给" 不再是我国肉羊产业发展的唯一目标，单纯靠扩大规模或增加生产要素投入提高产出水平、保障羊肉可持续供给也不再可行；亟须提高

---

① 资料来源：国家统计局—牲畜饲养、牲畜出栏、畜产品产量指标（https://data. stats. gov. cn/easyquery. htm? cn = C01）。

② 资料来源：1981～2018 年《中国统计年鉴》。

③ 资料来源：trademap 数据库（https：//www. trademap. org）。

要素生产率和肉羊产业经济绩效，促进我国畜牧业向现代化转型发展，保障国内供给能力的同时提高我国羊肉产品的质量和市场竞争力，满足消费者日益增长的高品质消费需求。

技术变革是提高生产效率、促使传统农业改造的关键（Schultz，1964）。肉羊良种是一种特殊的生产投入要素，对提高羊的生产性能、羊肉品质、肉羊产业生产能力以及养羊场（户）的养殖效益，促进我国肉羊产业生产向现代化转型、提供其市场供给能力、引导生产转型缓解生态压力等均具有关键影响，也是促进我国由养羊大国向养羊强国转变的前提和基础（耿宁和李秉龙，2014）。我国肉羊良种资源丰富，仅列入《中国羊品种志》的地方绵羊、山羊遗传资源就有 140 个，其中绵羊品种 71 个，山羊品种 69 个，[①] 宝贵的良种资源构成了我国丰富的绵羊、山羊基因库。近几年，我国还积极引进国外优良的肉用种羊进行扩繁和经济杂交，丰富了我国的种羊资源、提高了我国肉羊良种的供给能力。2009 年我国率先在 9 个绵羊主产省（区）及新疆生产建设兵团开展绵羊种公羊补贴试点，且补贴范围不断扩大、补贴金额不断提高，2009 ~ 2012 年补贴资金从 6000 万元增加至 1.97 亿元，增长了 2.28 倍，2013 ~ 2014 年继续保持 1.97 亿元的补贴力度。[②] 但是，目前我国肉羊产业产肉能力仍不足，产肉性能较好的小尾寒羊、马头山羊、陕南白山羊等缺乏的系统培育，距肉用绵羊、山羊品种等要求差距仍较大（耿宁和李秉龙，2014），制约了我国肉羊产业发展。其主要原因在于丰富的良种资源和高效良种技术未得到有效扩散，即未能被养羊场（户）有效采纳，从而导致肉羊产业发展的技术贡献率与科技成果转化率较低。

新品种培育、推广是我国养羊业发展的一项重要措施，但新品种只有被养羊场（户）采纳了才能转化为有效的生产力。技术扩散是技术创新的目的和后续过程，技术采纳是技术扩散的微观基础（孙冰等，

---

① 资料来源：《中国羊品种志》。

② 资料来源：2009 ~ 2013 年《畜牧良种补贴项目实施指导意见》《2014 年畜牧发展扶持资金实施指导意见》。中华人民共和国农业农村部，http://www.mog.gov.cn/。

2019）。组织或个人是生产要素投入的决策者，其技术采纳行为直接决定了农业技术变革的实现程度，而其新技术采纳决策过程中会受到众多因素的影响。目前，关于农业生产者技术采纳已有较多研究，例如关于农户生态耕种技术（谢贤鑫和陈美球，2019）、农户保护性耕作技术（费红梅等，2019）、农户水稻直播技术（许家莹等，2018）、农户绿色化生产技术（尚燕等，2018）、农户减肥增效技术（魏莉丽等，2018）、水禽养殖户新技术（刘雪芬，2013）、农户畜禽废弃物利用或处理技术（宾幕容等，2017）及污染防治技术（彭新宇，2007）、水稻种植农户环境友好型技术（周娟娟，2016）等采纳意愿及其影响因素的研究。具体到品种改良技术来看，也有学者对马拉维农户玉米杂交技术采纳行为（Simtowe，2006）、中国棉花种植户转基因抗虫棉技术选择行为（Liu and Elaine，2013）以及南非小规模农户新品种技术采纳行为（Brick et al.，2015）进行了研究，还有学者对养羊场（户）品种改良技术采纳意愿进行了描述性统计分析（韩丽敏等，2018；李玉龙等，2018），但关于养羊场户品种改良技术采纳意愿影响因素实证分析的相关研究目前仍是空白。因此在现有研究基础上，本文将基于13省（区）477家养羊场（户）的调研数据，对养羊场（户）品种改良技术采纳意愿及其影响因素进行实证分析，以期进一步丰富农牧户技术采纳相关问题的研究成果，并为相关政策或战略措施的制定、完善提供一定依据，并推动肉羊产业高效品种改良技术扩散和新品种有效商业转化。

2. 数据来源及样本特征

2.1 数据来源

本文所用数据主要依托国家肉羊产业技术体系分布于全国13个省

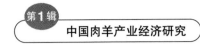

（区）的6个功能研究室和20个综合试验站，于2018年7～8月由各研究室和试验站派遣专业调研人员帮助调研获得。被调研对象为各功能研究室和综合试验站所在地具有代表性的养羊场（户）。调查问卷共设置60个问题，包含养羊场（户）基本特征、养羊场（户）生产经营情况、养羊场（户）对品种改良及品种改良技术的认知和获取情况、养羊场（户）品种改良技术实施和品种改良技术采纳意愿情况四个方面内容。对收回调查问卷认真审核后，得到有效问卷477份，有效回收率96.36%，有效问卷回收率较高，问卷质量较好。

2.2　样本特征

2.2.1　样本具体区域分布情况

本文样本分布在我国肉羊主产区所在的13个省（区），中原、中东部农牧交错带、西北及西南四大优势产区均有涉及。其中，内蒙古、云南、四川及黑龙江四个省（区）的样本数量相对较多（见表1），进一步体现出本文调研样本具有一定的代表性。

表1　　　　　　　　　　受访养羊场（户）区域分布情况

项目	安徽	甘肃	贵州	黑龙江	吉林	辽宁	内蒙古	青海	山西	陕西	四川	新疆	云南
数量（个）	32	31	38	40	29	16	66	34	39	33	44	29	46
占比（%）	6.71	6.50	7.97	8.39	6.08	3.35	13.84	7.13	8.18	6.92	9.22	6.08	9.64

资料来源：笔者根据调研数据整理。

2.2.2　样本统计性分析情况

477位受访者中，90.57%为男性，87.63%年龄在41～60岁，79.66%的学历水平为初中及以上，42.77%养羊收入占家庭总收入的60%以上，

58.49%养羊年限在 6 年以上。调查地点覆盖了我国的四大肉羊优势产区，对我国各地肉羊的生产情况和地域特性具有一定的代表性。受访者多为养羊场（户）负责人或直接管理者，且多为男性、平均文化程度和从事专业养羊年限较长、养羊的专业化收入较高，熟悉养羊的基本要领，对调查所涉及问题有较好理解。因此，调查数据具有较高的代表性和可信度。

表 2 不同特征被调查养羊场（户）所占比例

指标	类型	比例（%）	指标	类型	比例（%）	指标	类型	比例（%）
性别	男 女	90.57 9.43	家庭人口规模	≤2 人 3 人 ≥4 人	7.97 22.64 69.39	养羊收入占家庭总收入比例	≤20% 21%～50% 51%～60% ≥61%	11.11 33.54 12.58 42.77
年龄	≤40 岁 41～50 岁 51～60 岁 ≥61 岁	7.76 66.46 21.17 4.61	从业年限	≤5 年 6～10 年 11～15 年 ≥15 年	41.51 32.08 9.22 17.19	文化程度	小学及以下 初中 高中 本科 研究生及以上	20.34 41.30 32.29 5.87 0.21

资料来源：笔者根据调研数据整理。

3. 研究方法

3.1　模型构建

农户行为理论是行为经济学理论的延伸和应用于农户行为的深化研究，该理论指出农户行为意愿对其最终行为具有重要影响。农户追求利益最大化过程中，会受到个人特征、心理感知、家庭生产经营特征、自然环境、社会环境以及制度政策等变量的影响（彭新宇，2007；舒畅，2017）。具体来看，目前关于农户行为意愿影响因素的研究中，个人与家庭属性特征变量具体包括受访者性别、年龄、受教育水平、从事相关经营的时间、技术认知水平、农业收入占家庭总收入比重、家庭劳动力数量、家庭收入、家庭经营规模及其组织化程度；自然环境特征变量具体包括地理位置、距离市中心距离等；社会环境特征变量包括社会网络、市场前景、地区经济发展水平、技术推广部门的产业组织，制度政策变量包括政府的相关补贴政策、环保政策、技术培训服务等（彭新宇，2007；徐翔等，2013；龙冬平等，2015；姜利娜和赵霞，2017；黄炜虹等，2017；谢文宝等，2018；陈儒和姜志德，2018）；而关于农户兼业程度影响的分析则未形成一致结论（向国成和韩绍凤，2005；李争和杨俊，2010）。

本文中的品种改良技术主要指购买新的种羊品种与自家母羊进行本交，或购买新品种种羊的精液进行人工授精。在已有研究的基础上，本文将影响养羊场（户）品种改良技术采纳意愿的因素分为决策者自身特征变量、生产经营特征变量、组织特征变量、环境特征变量、认知与预期特征变量。运用多元有序 Logit 回归模型，对影响养羊场（户）品种改良技术采纳意愿的因素进行复分析，实证模型如下：

$$AI_i = \beta_0 + \beta_1 X_i + \varepsilon_i$$

其中，AI_i 表示第 i 个被访者品种改良技术采纳意愿。X_i 是第 i 个被访者的特征变量，包括决策者自身特征变量、生产经营特征变量、组织特征变量、环境特征变量、认知与预期特征变量。ε_i 表示误差项，包括所有模型未包括但又影响养羊场（户）品种改良技术采纳意愿的因素。

3.2 变量设置

具体来看，被访者的 5 类特征变量一共包括 17 个变量。①决策者（羊场主或养羊户主，全文同）自身特征变量主要包括其年龄、性别、文化程度 3 个变量。②生产经营特征变量主要包括饲养年限、专业化程度 2

个变量。③组织特征变量主要指是否参与了养羊合作经济组织。此处，参与养羊合作经济组织指与企业合作或加入合作社，参与养殖小区也视为参与了合作经营。④环境特征变量主要包括地理位置和社会环境两类变量。地理位置主要指羊场或养殖户所在位置，包括农村、城乡交界处或城市。社会环境变量则包括：政府政策即养羊场（户）过去3年采纳品种改良技术时是否受到政府帮助或奖励、养羊场（户）参与品种改良技术培训的次数、养羊场（户）对品种改良技术培训的评价，以及养羊场（户）的社会网络关系，即其品种改良技术采纳是否受亲朋好友或周围养羊场（户）品种改良技术购买行为影响、品种改良技术信息是否容易获取共5个变量。⑤认知与预期特征变量中，认知特征变量主要包括养羊场（户）是否认为品种改良技术改进有助于提高品种改良效率、是否认为自家目前肉羊品种改良技术需要改进、是否会担心更换品种改良技术带来的风险而犹豫不决、是否会担心更换品种改良技术过于麻烦而犹豫不决4个变量；预期特征主要指养羊场（户）是否有扩大规模的打算。详细变量说明及统计描述（见表3）。

表3 变量说明及统计描述

变量类型	变量名称	变量赋值	均值	标准差	最小值	最大值
被解释变量	品种改良技术采纳意愿	很不愿意=1；不愿意=2；一般=3；愿意=4；非常愿意=5	3.96	0.84	1	5
决策者自身特征变量	羊场主或养殖户主的年龄	单位：岁	44.70	9.42	20	73
	羊场主或养殖户主的性别	男=1；女=2	1.09	0.29	1	2
	羊场主或养殖户主受教育年限	单位：年	9.18	3.29	0	19
生产经营特征变量	饲养年限	单位：年	9.53	8.25	1	50
	养羊收入占家庭总收入的比重	单位：%	0.56	0.26	0	1
组织特征变量	是否参与养羊合作经济组织	是=1；否=0	0.37	0.48	0	1

续表

变量类型	变量名称	变量赋值	均值	标准差	最小值	最大值
环境特征变量	近 3 年采纳品种改良技术时是否受到当地政府帮助或奖励	是 =1；否 =0	0.30	0.46	0	1
	每年接受培训的次数	单位：次	1.19	1.21	0	4
	培训是否有用	是 =1；否 =0	0.91	0.28	0	1
	品种改良技术采纳是否会受到他人品种改良技术购买行为的影响	是 =1；否 =0	0.97	0.17	0	1
	平时获取品种改良技术的信息渠道是否容易	是 =1；否 =0	0.58	0.49	0	1
	所在地区	农村 =1；城乡交界处 =2；城市 =3	1.16	0.43	1	3
认知和预期特征变量	是否认为改进品种改良技术有助于提高品种改良效率	是 =1；否 =0	0.91	0.28	0	1
	自家目前品种改良技术是否需要改进	是 =1；否 =0	0.92	0.27	0	1
	是否会担心品种改良技术风险而犹豫不决	是 =1；否 =0	0.50	0.50	0	1
	是否会担心更换品种改良技术过于麻烦而犹豫不决	是 =1；否 =0	0.46	0.50	0	1
	是否有扩大规模的意愿	是 =1；否 =0	0.66	0.47	0	1

4. 结果与分析

在受访的 477 户养羊场（户）中，当面临有助于降低养殖成本、提高养殖效益、但需要对生产管理模式进行一定调整的品种改良技术时，仅 1.05% 和 4.19% 的受访者表示不愿意或不太愿意采纳品种改良技术，而 50.10%、18.45% 以及 26.21% 的受访者则分别表示愿意、比较愿意和非常愿意采纳该技术，表明若有较好的品种改良技术，大多数养羊场（户）愿意进行品种改良。养羊场（户）品种改良技术采纳意愿影响因素分析的回归结果如表4所示。

表4　　　养羊场（户）品种改良技术采纳意愿影响因素检验结果

变量类型	变量名称	估计系数	标准误	T值	P > |t|
决策者自身特征变量	羊场主或养殖户主的年龄	− 0.008	0.004	− 1.90	0.058 *
	羊场主或养殖户主的性别	− 0.043	0.115	− 0.37	0.708
	羊场主或养殖户主受教育年限	− 0.019	0.012	− 1.61	0.108
生产经营特征变量	饲养年限	0.011	0.005	2.46	0.014 **
	养羊收入占家庭总收入的比重	0.085	0.141	0.61	0.545
组织特征变量	是否参与养羊合作经济组织	− 0.086	0.076	− 1.13	0.260
环境特征变量	近3年采纳品种改良技术时是否受到当地政府帮助或奖励	0.189	0.077	2.46	0.014 **
	每年接受培训的次数	0.044	0.032	1.40	0.162
	培训是否有用	− 0.005	0.126	− 0.04	0.970
	品种改良技术采纳是否会受他人品种改良技术购买行为影响	1.11	0.198	5.59	0.000 ***
	平时获取品种改良技术的信息渠道是否容易	0.128	0.075	1.69	0.092 *
	所在地区	0.058	0.079	0.74	0.462
认知与预期特征变量	是否认为改进品种改良技术有助于提高品种改良效率	0.011	0.122	0.09	0.930
	自家目前品种改良技术是否需要改进	0.542	0.129	4.18	0.000 ***
	是否会担心品种改良技术风险而犹豫不决	− 0.231	0.088	− 2.62	0.009 ***
	是否会担心更换品种改良技术过于麻烦而犹豫不决	− 0.116	0.090	− 1.29	0.197
	是否有扩大规模的意愿	0.330	0.077	4.30	0.000 ***

注：* 、** 、*** 分别表示10%、5%、1%的水平上显著。

采用 Stata 15.0 软件，利用回归估计解释变量与控制变量的系数。由

表4可知，17个变量中有8个变量对养羊场（户）品种改良技术采纳意愿具有显著影响，其余变量影响则并不显著。具体来看：

（1）决策者自身特征变量。决策者的年龄对其品种改良技术采纳意愿具有显著负影响，可能的解释是：改良品种虽然能给养殖户带来效益增收，但也存在一定风险且需要新的配套管理技术；决策者年龄越大，思想观念相对越保守，对接受新饲养管理模式的能力相对薄弱，采纳新品种改良技术的意愿越低。而根据调研数据，仅7.76%的受访羊场主或养殖户主年龄在40岁以下，养殖群体老龄化将不利于新畜牧技术推广。

（2）生产经营特征变量。养羊场（户）饲养年限对其品种改良技术采纳意愿具有显著正影响，可能的解释是：饲养年限长的养羊场（户）对肉羊良种重要性认知程度高，选择高效、高质品种改良技术的意愿则更强烈。

（3）环境特征变量。过去3年采纳品种改良技术时是否受到当地政府帮助或奖励、养羊场（户）品种改良技术采纳是否容易受亲朋好友良种购买行为影响、平时获取品种改良技术的信息渠道是否容易3个变量均对养羊场（户）品种改良技术采纳意愿具有显著正影响。可能的解释是：①政府政策会影响养羊场（户）的养殖信心和未来生产规划，国家对养羊场（户）品种改良技术采纳的相关支持政策可以降低养羊场（户）技术采纳难度和成本，提高养羊场（户）未来发展信心和良种技术采纳积极性。②社会网络关系较广的养羊场（户）可以通过他人获取品种改良技术信息，信息渠道更广、获取信息更全面；同理，获取信息更容易的养羊场（户）也更容易对信息有及时全面的认知，因此更易接受品种改良技术且风险也会更低。

（4）认知与预期特征变量。是否认为自家目前肉羊品种改良技术需要改进、是否会担心更换品种改良技术带来的风险而犹豫不决2个认知特征变量分别对养羊场（户）品种改良技术采纳意愿分别具有显著正影响和显著负影响。养羊场（户）是否有扩大规模的打算这一预期特征变量则对养羊场（户）品种改良技术采纳意愿具有显著正影响。可能的解释是：①认知程度对养羊场（户）最终的技术采纳行为具有重要影响，养羊场（户）越认为其目前肉羊品种改良技术需要改进，其采纳新的品种改良技术的意愿便会越强烈；但新技术的潜在风险则会让养羊场（户）心存顾虑，降低其品种改良技术采纳意愿。②打算扩大规模的养羊场（户）对肉羊产业发展前景具有良好预期，随着养羊场（户）饲养规模扩大，其技术采纳成本能够得到有效分散、边际成本不断降低。品种改良技术有利于提高养羊场（户）的生产效率和养殖效益，有利于其实现扩大规模的利润预期，因此具有规模扩大打算的养羊场（户）品种改良技术的采纳意愿较高。

但值得注意的是，是否参与养羊合作经济组织对养羊场（户）品种改良技术采纳意愿影响并不显著，可能与合作经济组织发展水平低有关。根据调研数据，仅 37.11% 受访养羊场（户）通过加入合作社、成立养殖小区或与企业合作等方式实现了一定程度上的合作经营，大多数养羊场（户）仍采用独自经营的生产方式。根据《中国畜牧业年鉴（2017）》，2016 年我国 100 只以上羊场数量仅占我国羊场总数的 3.16%，我国肉羊产业发展的规模化和集约化水平整体较低。同时，养殖户在追求利润最大化的同时，也会尽量规避风险，如果合作经济组织发展水平较低，不能帮助养殖户降低新技术采纳的风险，养殖户继续沿用养殖传统品种的可能性也会较大。

5. 结论及进一步讨论

推动农牧业高质量发展既是我国农牧业发展的长期目标，也是目前面临环境、资源约束以及消费市场倒逼供给侧结构性改革紧迫形势下亟须解决的问题。在积极培育高效、优质、节约资源的良种的同时，更要注重良种的推广。技术推广的最终目标是推动养殖户采纳技术，但目前我国养羊主体老龄化趋势显现，不利于良种技术的推广。基于此现状，①政府的扶持政策可以降低养羊场（户）品种改良技术采纳的成本、提高采纳积极性，因此良种补贴或相关优惠政策在良种技术推广中必不可少，国家及地方政府应加大对农养殖场（户）品种改良的补贴力度。②养羊场（户）品种改良技术采纳意愿会受到亲朋好友或周围养羊场（户）的品种改良技术采纳行为的显著影响，因此技术推广时应集中在某一地区进行合理布局，激活地区社会网络内部的信息传播机制，形成"以点带面"的技术传播效果，降低养羊场（户）获取品种改良信息的难度。③新技术可能存在的潜在风险是养羊场（户）采纳品种改良技术时顾虑的重要因素，因此技术推广中，除了要告知养殖户新品种的优势，更要告知其改良后的新品种与其目前饲养品种在养殖方式、饲养管理等方面需要注意的问题，尽量帮助养羊场（户）降低品种改良的潜在风险，打消其品种改良的顾虑。④一般来说，规模越大的养殖户，其集约化、标准化水平相对较高，对新技术和新品种比较敏感，且其资金实力、标准化水平、市场参与度以及抵御风险能力也越高，能够更精准地判断和发现利用新品种进行品种改良的价值，也能更快速地获取"需要"的技术，并降低品种改良技术采纳的风险。因此，要多渠道推动我国肉羊产业规模化发展，例如合理规划并流转集中养殖区用地，对规模养殖户提供一定的扶持或奖励政策，还可以考虑鼓励良种推广机构联合成立良种风险基金，用于弥补养殖户在品种改良后出现的损失。

参考文献

[1] 宾幕容，文孔亮，周发明. 农户畜禽废弃物利用技术采纳意愿及其影响因素——基于湖南462个农户的调研 [J]. 湖南农业大学学报（社会科学版），2017，18（4）：37-43.

［2］陈儒，姜志德. 农户对低碳农业技术的后续采用意愿分析［J］. 华南农业大学学报（社会科学版），2018，17（2）：31 – 43.

［3］费红梅，刘文明，姜会明. 保护性耕作技术采纳意愿及群体差异性分析［J］. 农村经济，2019（4）：122 – 129.

［4］耿宁，李秉龙. 我国肉羊良种培育与推广现状、问题与对策分析［J］. 中国草食动物科学，2014（S1）：371 – 375.

［5］韩丽敏，李军，潘丽莎. 养羊场（户）育种技术采纳意愿情况调查分析——基于13省（区）477家养羊场（户）的问卷调查［J］. 山东农业大学学报（社会科学版），2018，20（3）：35 – 42，51.

［6］黄炜虹，齐振宏，邬兰娅等. 农户从事生态循环农业意愿与行为的决定：市场收益还是政策激励？［J］. 中国人口·资源与环境，2017（8）.

［7］姜利娜，赵霞. 农户绿色农药购买意愿与行为的悖离研究——基于5省863个分散农户的调研数据［J］. 中国农业大学学报，2017，22（5）：163 – 173.

［8］李玉龙，海龙，郭立宏等. 肉羊育种技术需求与采纳意愿调查［J］. 中国畜牧业，2018（14）：75 – 76.

［9］李争，杨俊. 农户兼业是否阻碍了现代农业技术应用——以油菜轻简技术为例［J］. 中国科技论坛，2010（10）：144 – 150.

［10］刘雪芬. 市场导向、政策倾斜与养殖户新技术采纳意愿的实证分析［J］. 统计与决策，2013（7）：108 – 111.

［11］龙冬平，李同昇，芮旸，马力阳. 特色种植农户对不同技术供给模式的行为响应——以陕西省周至县猕猴桃种植示范村为例［J］. 经济地理，2015，35（5）：135 – 142.

［12］彭新宇. 畜禽养殖污染防治的沼气技术采纳行为及绿色补贴政策研究［D］. 北京：中国农业科学院，2007.

［13］尚燕，颜廷武，江鑫，张童朝等. 绿色化生产技术采纳：家庭经济水平能唤醒农户生态自觉性吗？［J］. 生态与农村环境学报，2018，

34 (11): 988 –996.

[14] 舒畅. 基于经济与生态耦合的畜禽养殖废弃物治理行为及机制研究 [D]. 北京: 中国农业大学, 2017.

[15] 孙冰, 苏晓, 徐晓菲. 基于新技术采纳决策博弈的技术扩散及其演化研究 [J]. 工业技术经济, 2019, 38 (6): 10 –19.

[16] 魏莉丽, 吴一平, 习斌等. 水稻种植示范区化肥减施增效技术采纳意愿的调查研究——基于沙洋县问卷调查的分析 [J]. 中国农业资源与区划, 2018, 39 (9): 31 –36.

[17] 向国成, 韩绍凤. 农户兼业化: 基于分工视角的分析 [J]. 中国农村经济, 2005 (8): 4 –9.

[18] 谢文宝, 陈彤, 刘国勇. 乡村振兴背景下农户耕地质量保护技术采纳差异分析 [J]. 改革, 2018 (11): 117 –129.

[19] 谢贤鑫, 陈美球. 农户生态耕种采纳意愿及其异质性分析——基于TPB框架的实证研究 [J]. 长江流域资源与环境, 2019, 28 (5): 1185 –1196.

[20] 徐翔, 陶雯, 袁新华. 农户青虾新品种采纳行为分析——基于江苏省青虾主产区466户农户的调查 [J]. 农业技术经济, 2013 (5): 86 –94.

[21] 许家莹, 熊春林, 王奎武. 农户对水稻直播技术的采纳意愿及影响因素研究 [J]. 中国稻米, 2018, 24 (6): 60 –66.

[22] 周娟娟. 水稻种植农户环境友好型技术采纳意愿研究 [D]. 长沙: 湖南农业大学, 2016.

[23] Brick, K., Visser M, Risk Preferences, Technology Adoption and Insurance Uptake: A Framed Experiment [J]. Journal of Risk and Uncertainty, 2015, 19 (1): 7 –42.

[24] Liu, Elaine M. Time to Change What to Sow: Risk Preferences and Technology Adoption Decisions of Cotton Farmers in China [J]. The Review of

Economics and Statistics, 2013, 95（4）: 1386 – 1403.

［25］ Schultz T W. Transforming traditional agriculture ［J］. Transforming traditional agriculture. , 1964.

［26］ Simtowe, F. Can Risk Aversion towards Fertilizer Explain Part of the Non – adoption Puzzle for Hybrid Maize? Empirical Evidence from Malawi ［J］. Journal of Applied Sciences, 2006, 6（7）: 1490 – 1498.

交易模式对肉羊养殖户质量控制行为的影响分析[*]

摘要： 基于实地调研数据构建肉羊养殖户品质与安全控制测度指标，运用二元 Logit 模型实证检验不同交易模式是否对品质与安全控制行为造成影响，并通过影响的边际效应分析不同交易模式对肉羊品质与安全属性的控制效果。结果表明，相较于市场自销交易模式，中间商购销交易模式、合作社交易模式、企业交易模式和网络销售交易模式均有助于提升品质控制效果；中间商购销交易模式和合作社交易模式对肉羊养殖户安全属性控制效果较好，且相比之下合作社交易模式的安全控制效果更好。因此，要提高肉羊质量控制水平，应进一步拓展与丰富养殖户交易模式选择，引导养殖户通过合作社交易模式销售肉羊。

关键词： 交易模式；肉羊；品质控制行为；安全控制行为

1. 引言

　　市场交易环境是影响农户生产行为的重要因素之一（钟真等，2012），随着农业新型经营主体培育与发展，新兴农业组织在农业市场中作用凸显，丰富了农户多样化交易模式选择，同时也对农产品质量安全管理提出更高要求，是质量控制管理的重要方向（周应恒等，2010），对

---

　　* 本部分作者为樊慧丽和付文阁。

农户安全生产供给行为决策影响巨大（卫龙宝等，2004）。那么，不同交易模式对农户质量控制行为实施情况影响如何？以及对安全与品质属性控制效果是否存在差异？许多学者对交易模式与农户质量控制行为的关系展开研究。其中，针对某一具体交易模式研究发现，农业专业合作组织的壮大与发展对农户农产品质量控制行为影响较大，加入合作社显著促进农户品质与安全控制中的多项行为（吴学兵等，2014；常倩等，2016）。胡定寰等（2006）实证结果显示，合同模式显著降低农户农药使用量。朱嘉麒等（2016）对此得出同样结论，认为采取合同交易可显著提升菜农质量安全控制水平。此外，组织内部交易模式也有利于农户采用质量控制行为，对农户农产品安全生产具有积极作用（赵建欣，2008；朱文涛等，2008）。如麻丽平（2017）分析苹果种植户安全生产行为时发现，组织内部交易模式通过内部制度安排发挥作用，可有效规范苹果种植户的安全生产行为。还有学者从紧密程度方向探究其对质量控制的影响（刘庆博，2013），如舒畅等（2017）研究指出，紧密的纵向协作有助于养猪场户选择更好的病死猪无害化处理方式。在不同交易模式比较研究中，袁雪霈等（2019）研究发现，合作社交易模式对农户安全生产行为影响最大，果商交易模式影响最小。王萌等（2019）研究发现，与屠宰加工企业签订契约的交易方式对养猪场户质量与控制行为改善效果显著，而生猪收购商签订契约的交易方式仅能改善养猪场户质量控制行为，对安全控制行为改善效果不明显。

综上所述，交易模式对农户质量控制行为影响的相关研究为本文奠定了基础，但仍存在一定不足。一是现有研究较少从品质与安全维度区分农户质量控制指标，缺乏对质量全面客观的构建；二是从某一交易模式分析农户行为影响的研究较多，缺乏不同交易模式的比较分析；三是肉羊养殖户交易模式及质量控制的研究相对较少，虽对生猪养殖户开展一定研究（王萌等，2019），但肉羊自身有其独特性，肉羊养殖户质量控制与交易模式关系仍有待深入挖掘和分析。基于此，本文以肉羊养殖户为研究对象，运用二元 Logit 模型实证检验不同交易模式是否影响品质与安全控制行为，并通过影响边际效应分析不同交易模式对肉羊品质与安全属性的控制效果。

2. 理论分析与研究假设

2.1 概念界定

养殖户认为肉羊销售对象即为交易终端，养殖户和销售对象间形成典型的"生产商—销售商"二级供应链模式。因此，本文以肉羊养殖户直接销售对象为分类标准，将肉羊交易模式细分为市场自销、中间商购销、合作社、企业、网络销售和拍卖六种方式。其中，市场自销交易模式主要包括养殖户市场零售和批发市场销售两种方式；中间商购销交易模式是指养殖户通过上门收购的中间商贩进行销售；合作社交易模式是指养殖户通过本村或邻村的合作社组织集中销售；企业交易模式是指通过本地或邻近地区龙头企业以合同或订单形式收购销售；网络销售交易模式是随着互联网发展逐渐兴起的新兴交易模式；拍卖交易模式是通过公开竞争进行肉羊销售的交易模式。

食品质量是多种属性的组合，其中安全属性处于食品是否会危害消费者身体健康层面，营养属性则决定食品对于消费者的使用价值，其他属性则是食品是否受消费者欢迎的重要方面，肉羊质量可据此分为安全属性与品质属性两个维度。肉羊安全属性处于对其质量要求的基础层面，是指肉羊经屠宰加工的羊肉产品中不含有可能危害或威胁人体健康的有害、有毒物质，即对消费者身体健康和生命无危害，生产过程符合相关技术与卫生的国家或行业标准；肉羊品质属性则处于对质量要求的更高层面，是指肉羊经屠宰加工的羊肉产品在口感、营养、品种及品牌等更高"品质"层面的内容。羊肉产品安全属性与品质属性归根到底由农户生产的肉羊质量决定，从生产角度评价肉羊产业市场绩效，可据此向前转换为对农户肉羊生产质量的评价。

2.2　理论分析与研究假设

肉羊养殖户的肉羊质量属性包含安全属性与品质属性，是养殖户一系列安全与品质控制行为作用的结果。质量经济学中有观点认为质量安全是"第二产量"，质量安全方面的"产量"越高，其成本也越高（Chambers et al.，1998）。因此，当养殖户在肉羊安全与品质控制中投入更多精力、资本和人力等时，肉羊品质与安全控制行为实施越好，即安全与品质的"产量"会更多，从而有利于肉羊质量安全水平符合标准与要求。

一方面，肉羊安全属性属于信任品属性，具有（准）公共物品的性质，表明当养殖户提高肉羊安全属性的同时，很难从市场上获得相应回报（钟真等，2013）。肉羊养殖户作为理性经济人，利润最大化是其养殖的主要目标，故安全控制行为选择是为衡量成本收益，若缺乏安全控制行为的有效约束机制和打破上下游信息不对称的有效手段，肉羊养殖户更倾向于做出短视的经营行为——基于短期收益采取投机行为（王萌等，2019）。

在中间商购销交易模式中，缺乏相应的安全检测设备，收购方无法有效区分安全级别，对肉羊养殖户的监督约束力较弱，若不能通过有效的安全激励手段促使养殖户选择安全控制行为，则很难影响养殖户的短视行为。此外，相较于品质约束机制，中间收购商在安全属性上受到声誉约束机制更小，且不易察觉，也不利于养殖户实施安全控制行为。

在合作社交易模式和企业交易模式中，交易方可通过相应的检测设备检查肉羊安全性。除受自身利益与声誉机制影响，合作社和企业还会为养殖户提供相应的技术支持，并对养殖户的安全属性提出明确规定与要求，对养殖户的安全控制动力与能力均产生影响，故相较于市场自销和中间商购销交易模式，合作社和企业交易模式中肉羊养殖户的安全生产行为实施较好。

在网络销售交易模式中，监督与追溯机制均依靠网络体系构建，目前这种监督仍存在诸多问题，无法准确地责任到人，对养殖户的约束与激励作用均有限。由此提出假设1。

假设1：不同交易模式对肉羊养殖户安全控制行为产生不同影响。相较于市场自销交易模式，中间商购销、合作社、企业和网络交易模式均显著正向作用于肉羊养殖户安全控制行为，均有助于提高肉羊养殖户安全属性控制效果，且合作社交易模式与企业交易模式的控制效果相对更好。

此外，肉羊的品质属于经验品属性，现实中肉羊交易市场接近完全竞争市场，市场上存在大量的肉羊养殖户与收购商。养殖户是价格被动接受者，每次交易均属于非重复性博弈。上下游环节普遍存在信息不对称问题，且相应的优质优价市场机制不完善，市场分级体系不健全，选择市场自销交易模式的养殖户很难通过市场获得相应的品质提升回报。同时，市场也缺乏对养殖户的有效监督与追溯机制，养殖户缺乏品质控制的动力与能力，不利于养殖户较好地实施品质控制行为。

在中间商购销、合作社与企业交易模式中，养殖户均可通过契约将非重复博弈转换为重复博弈（蒋永穆等，2013），加之长期合作形成的信任，一方面，可有效控制肉羊品质，也可通过提供相应技术、要素等支持，帮助养殖户突破自身禀赋的内在约束；另一方面，无论正式还是非正式合作，收购方均受声誉机制约束从而对养殖户的肉羊品质有所要求，养殖户通过与其合作也能有效降低自身经营风险，提高优质优价市场话语权，从而获得相应收益。

在网络销售交易模式中，养殖户受品质约束相较于合作社交易模式和企业交易模式要小，但与市场自销交易模式相比，其自身声誉机制的作用更强，随着网络透明度的提高，其影响也更大。由此提出假设2。

假设2：不同交易模式对肉羊养殖户品质控制行为产生不同影响。相较于市场自销交易模式，中间商购销、合作社、企业和网络销售交易模式均显著正向作用于肉羊养殖户品质控制行为，均有助于提高肉羊养殖户品质属性控制效果。

3. 研究方法、变量与数据

3.1 研究方法

3.1.1 安全与品质维度下肉羊养殖户质量控制行为指标构建

品质与安全是肉羊养殖户质量控制的两个重要维度。在养殖环节，对肉羊安全控制的影响要小于品质控制的影响，安全控制的影响更大程度来自屠宰加工、物流运输环节，因设备、工艺、环境卫生及食品添加剂等因素引发产品安全问题。在生产环节，肉羊的质量控制主要体现在品种、年龄、外观、健康程度和屠宰率（常倩，2018）。本文依据肉羊养殖环节质量控制的几个关键点分别构建养殖户品质与安全控制行为指标体系，构建框架如图1所示。

参考肉羊生产流程和肉羊标准化养殖示范场验收评分标准，本文选择兽药选择行为、休药期执行行为、防疫与消毒行为作为养殖户安全控制行为指标；选择品种选择行为、饲料选择行为、防疫与消毒行为、信息记录行为、设施配置行为、分舍饲养行为、饲养环境选择行为、动物福利改善行为作为养殖户品质控制行为指标。在安全控制行为指标中，兽药选择行为主要指养殖户兽药使用的来源渠道是否安全可靠及兽药使

用记录情况；休药期执行行为主要指养殖户使用兽药后休药期执行时间
是否符合规定和要求；防疫与消毒行为主要包括病死羊处理行为是否符
合无害化处理标准和进入养殖区的所有人员是否消毒 2 个指标。以上衡
量指标分别简称为"兽药安全""用药记录""休药期执行""病死羊处
理"和"人员消毒"，样本养殖户达到相关要求，代表其安全控制行为实
施得更好，安全属性控制效果也更好。

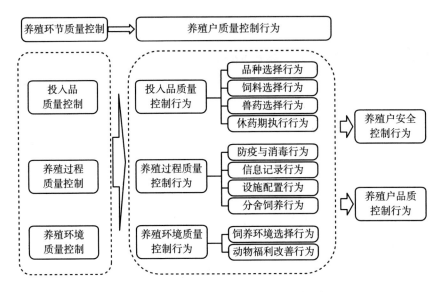

图1　养殖户品质与安全控制行为指标体系框架

在品质控制行为指标中，品种选择行为主要指肉羊良种选择行为，
即养殖户饲养肉羊是否为改良品种；饲料选择行为主要指肉羊养殖户是
否采用日粮配制技术和青贮饲料制作技术；防疫与消毒行为主要通过肉
羊养殖户是否定期对羊舍消毒和定时防疫 2 个指标衡量；信息记录行为
主要通过养殖户是否建立肉羊养殖档案和佩戴耳标 2 个指标衡量；设施
配置行为主要通过羊舍内是否有自动饮水器、是否采用圈舍设计与修建
技术 2 个指标衡量；分舍饲养行为主要通过母羊舍、羔羊舍、育成舍、
育肥舍是否分开衡量；饲养环境选择行为主要通过粪污是否无害化处理、
羊舍排水排污设施是否完善、生活/生产区与粪污处理区是否相隔离 3 个

指标衡量;动物福利改善行为主要通过羊舍是否通风干燥和向阳透光指标衡量。以上衡量指标分别简称为"改良品种""日粮配制""青贮制作""定期消毒""定期防疫""养殖档案""耳标佩戴""饮水设施""圈舍修建""分舍饲养""粪污处理""排水排污""区域隔离""羊舍通风",样本养殖户达到相关要求,代表其品质控制行为实施得更好,品质属性控制效果也更好。

3.1.2 模型选择

考虑到安全与品质控制行为指标均设置为 0 ~ 1 变量,故选择二元 Logit 模型拟合,基本形式为:

$$p_i = F\left(\propto + \sum_{j=1}^{n}\beta_j x_j\right) = \frac{1}{1 + e^{1(\propto + \sum_{j=1}^{n}\beta_j x_j)}} \tag{1}$$

式(1)中,p_i 表示第 i 个肉羊养殖户安全/品质控制行为达到相关要求的概率,β_j 为各解释变量的回归系数,n 表示解释变量的个数,x_j 表示解释变量,包含核心解释变量交易模式与其他相应的控制变量。将式(1)进行对数转换,得到二元 Logit 模型的线性表达式:

$$\ln\left(\frac{p_i}{1 - p_i}\right) = \propto + \sum_{j=1}^{n}\beta_j x_j \tag{2}$$

3.2 变量选取

本文被解释变量包括品质和安全两个维度,不同维度指标选择依据为:一是选择不同交易模式间差异显著的指标;二是选择可通过计量回归分析的指标。品质控制行为包括"日粮配制""养殖档案""粪污处理""排水排污""区域隔离"5 个变量;安全控制行为包括"兽药安全""用药记录""休药期执行""病死羊处理""人员消毒"5 个变量。交易模式选择是核心解释变量,包括市场自销、中间商购销、合作社、企业和网络销售交易模式。控制变量包括四个方面，个人特征、养殖特征、外部特征和认知特征变量。各变量具体赋值及定义说明如表1所示。

表1 相关变量的定义与描述性统计

类别	变量	含义及赋值	均值	标准差
被解释变量	品质控制行为	日粮配制：是否采用日粮配制技术（是=1；否=0）	0.54	0.50
		养殖档案：是否建立肉羊养殖档案（是=1；否=0）	0.48	0.50
		粪污处理：粪污是否进行无害化处理（是=1；否=0）	0.54	0.50
		排水排污：排水排污设施是否完善（是=1；否=0）	0.57	0.50
		区域隔离：生活/生产区与粪污处理区是否相隔离（是=1；否=0）	0.71	0.46
	安全控制行为	兽药安全：兽药来源渠道是否安全可靠（是=1；否=0）	0.35	0.48
		用药记录：肉羊看病吃药是否进行记录（是=1；否=0）	0.47	0.50
		休药期执行：是否按规定执行休药期（是=1；否=0）	0.73	0.44
		病死羊处理：病死羊是否进行无害化处理（是=1；否=0）	0.84	0.37
		人员消毒：进入养殖区域人员是否需要消毒（是=1；否=0）	0.48	0.50
核心解释变量	交易模式（以市场自销交易模式为参考）	中间商购销交易模式：是=1；否=0	0.23	0.42
		合作社交易模式：是=1；否=0	0.17	0.38
		企业交易模式：是=1；否=0	0.13	0.34
		网络销售交易模式：是=1；否=0	0.02	0.13
控制变量	年龄	家庭主要决策者的实际年龄（岁）	48.10	9.05
	受教育程度	小学及以下=1；初中=2；高中/中专/职高/技校=3；大专及以上=4	2.05	0.84
	风险偏好	家庭主要决策者的风险偏好：愿意冒险=1；一般=2；不愿冒险=3	2.29	0.76
	养殖年限	从事养羊行业的累计时间（年）	10.50	8.52
	养殖规模	养殖户肉羊实际养殖数量的自然对数	5.45	1.16
	饲养方式	仅舍饲=1；其他=0	0.20	0.40
	专业化程度	家庭当年肉羊养殖实际收入占家庭总收入的比重（%）	72.01	26.44
	家庭劳动力数量	家庭拥有的劳动力人数（人）	4.27	1.57
	技术培训	是否接受相关品质与安全控制技术培训：是=1；否=0	0.62	0.49
	组织参与	是否参与养殖合作社：是=1；否=0	0.33	0.47

续表

类别	变量	含义及赋值	均值	标准差
控制变量	贷款情况	当年是否贷款：是 =1；否 =0	0.58	0.49
	政府政策支持	是否有政府政策支持：是 =1；否 =0	0.48	0.50
	政府监管力度	政府对乱用添加剂和有害兽药监管力度：很大 =1；较大 =2；一般 =3；较小 =4；很小 =5	2.31	0.98
	收购方检查	收购方是否进行品质与安全检查：是 =1；否 =0	0.44	0.50
	收入影响预期	采用质量控制技术生产更高品质、更安全的肉羊对收入的影响：很小 =1；较小 =2；一般 =3；较大 =4；很大 =5	4.04	0.87
	质量安全认知	对当前社会上的羊肉质量安全的认知：很安全 =1；比较安全 =2；一般 =3；比较不安全 =4；不安全 =5	2.54	0.96
	兽药使用标准认知	不知道 =1；听说过 =2；有所了解 =3；比较清楚 =4；很清楚 =5	2.81	1.21
	饲料使用标准认知	不知道 =1；听说过 =2；有所了解 =3；比较清楚 =4；很清楚 =5	2.90	1.27
	设施配置标准认知	不知道 =1；听说过 =2；有所了解 =3；比较清楚 =4；很清楚 =5	2.70	1.34
	养殖档案标准认知	不知道 =1；听说过 =2；有所了解 =3；比较清楚 =4；很清楚 =5	2.65	1.31
	动物福利标准认知	不知道 =1；听说过 =2；有所了解 =3；比较清楚 =4；很清楚 =5	2.11	1.23
	药物及添加剂残留危害认知	不知道 =1；听说过 =2；有所了解 =3；比较清楚 =4；很清楚 =5	2.80	1.28

3.3 数据说明

本文研究数据依托肉羊产业技术体系，由体系的岗站专家于 2019 年

6~8月调查所得。调查内容包括养殖户个人及家庭基本情况、肉羊养殖基本情况、要素投入基本情况、质量控制基本情况、养殖户认知情况、市场环境及交易情况六个方面。根据回收问卷情况，进一步清理数据，剔除数据前后逻辑不一致且与其他指标数据核对不上、无法纠正的问卷样本，剔除关键信息不完整的问卷样本，最终获得有效问卷523份，有效率86.59%。

根据交易模式划分，受访户对交易模式选择情况在实际调查中发现，选择中间商购销交易模式的养殖户较多，占45.32%，选择市场自销交易模式的养殖户有119户，占比22.75%，选择合作社交易模式和企业交易模式的养殖户数量相当，分别占比17.02%和13.19%，选择网络销售交易模式的养殖户较少，仅有9户，占比1.72%。表明网络销售模式尚未普及，一方面是活羊通过网络销售存在诸多难题，目前多以冻品销售为主；另一方面网络销售羊肉需依靠冷链物流，投入成本相对较多。

4. 模型估计与结果分析

模型估计前，考虑到模型异方差，实证结果均通过 Robust 命令校准稳健标准误差。此外，考虑到变量多重共线性，故采用方差膨胀因子法检验，结果表明，各变量间方差膨胀因子均小于10，且均值为2.40，不存在严重的多重共线性问题。具体结果如表2和表3所示。

4.1 交易模式对肉羊养殖户品质控制行为的影响

表2是交易模式对肉羊养殖户品质属性的影响及边际效应。中间商购销交易模式显著正向影响日粮配制、排水排污和区域隔离，且分

别通过 5% 和 1% 显著性检验。表明中间商购销交易模式下的肉羊养殖户品质控制效果较好，其日粮配制、排水排污和区域隔离等方面实施较好。在中间商购销交易模式中，收购方上门收购，可直观感受到养殖户的养殖情况，同时，中间商收购过程中的主要关注点始终放在其收购的产品是否会影响到自身下一级的销售利润，从而对养殖户饲料、饲养管理和饲养环境等方面提出相应要求，养殖户为了保障自身收益，愿意通过改善相关品质控制措施实现优质优价。但中间商购销交易模式对养殖档案与粪污处理的影响不显著，可能是中间商购销交易模式中，收购方未关注肉羊档案记录情况和粪便处理情况，缺乏对养殖户的激励与约束动力，未产生实质性影响。合作社交易模式显著正向影响养殖档案、排水排污和区域隔离，且分别通过 10% 和 1% 显著性检验。表明合作社交易模式下的肉羊养殖户品质控制效果较好，其养殖档案、排水排污和区域隔离等方面实施较好。在合作社交易模式中，收购方通过查看养殖户养殖档案记录信息进行品质安全检查，故会督促养殖户建立养殖档案。但合作社交易模式对日粮配制和粪污处理的影响不显著，一方面，合作社在养殖前期为养殖户提供统一饲草料服务，日粮配制技术可能非合作社交易模式下的唯一选择；另一方面，养殖户通过直接还田等方式处理养殖废弃物，主要造成生态效益不佳，但可能不会直接损害合作社利益，故对此并不关注，无法有效促进养殖户无害化处理，仍需通过第三方监管或政府的强制规制。企业交易模式显著正向影响日粮配制、粪污处理和区域隔离，且分别通过 10% 和 5% 显著性检验。表明企业交易模式下的肉羊养殖户品质控制效果较好，其日粮配制、粪污处理和区域隔离等方面实施较好。但企业交易模式对养殖档案和排水排污的影响不显著。网络销售交易模式仅显著正向影响排水排污，且通过 10% 显著性检验，表明网络销售交易模式中的肉羊养殖户品质控制效果略显不足，但在一定程度上促进养殖户改善品质属性。假设 2 得到一定验证。

表2　不同交易模式对肉羊养殖户产品质控制行为的影响

变量	日粮配制		养殖档案		粪污处理		排水排污		区域隔离	
	系数	边际效应	系数	边际效应	系数	边际效应	系数	边际效应	系数	边际效应
中间商购销交易模式	0.851**	0.155***	0.331	0.046	0.072	0.014	1.241***	0.170***	1.188***	0.158***
合作社交易模式	0.130	0.025	0.850*	0.119**	-0.448	-0.089	1.031*	0.141**	1.702***	0.227***
企业交易模式	0.844*	0.154**	0.132	0.0184	0.834*	0.165**	0.273	0.037	1.536***	0.205***
网络销售交易模式	0.770	0.140	-1.016	-0.142	1.048	0.208	2.015*	0.276**	0.952	0.127
年龄	0.016	0.003	-0.015	-0.002	-0.020	-0.004	-0.015	-0.002	-0.015	-0.002
受教育程度	0.283	0.051*	-0.246	-0.034	0.081	0.016	0.011	0.002	0.013	0.002
风险偏好	-0.076	-0.014	-0.022	-0.003	0.045	0.009	-0.254	-0.035	-0.131	-0.017
养殖年限	-0.036**	-0.007***	-0.024	-0.003	-0.050***	-0.010***	-0.022	-0.003	0.022	0.003
养殖规模	-0.157	-0.029	-0.251	-0.035*	-0.182	-0.036	0.669***	0.092***	0.600***	0.080***
饲养方式	0.283	0.052	0.414	0.058	0.421	0.084	0.080	0.011	-0.168	-0.022
专业化程度	0.004	0.001	0.004	0.001	0.011*	0.002***	-0.010	-0.001*	-0.005	-0.001
家庭劳动力数量	-0.017	-0.003	-0.140	-0.020	0.059	0.012	0.114	0.016	-0.107	-0.014
技术培训	0.558*	0.102**	1.257***	0.176***	0.221	0.044	-0.178	-0.024	1.219***	0.162***
组织参与	0.340	0.062	0.503	0.070	0.991***	0.197***	0.790**	0.108***	-0.164	-0.022
贷款情况	-0.106	-0.019	0.212	0.030	-0.229	-0.046	0.180	0.025	0.268	0.036
政府政策支持	-0.431	-0.079*	0.001	0.000	0.575**	0.114***	-0.132	-0.018	0.306	0.041

续表

变量	日粮配制		养殖档案		粪污处理		排水排污		区域隔离	
	系数	边际效应	系数	边际效应	系数	边际效应	系数	边际效应	系数	边际效应
政府监管力度	0.258*	0.047**	0.513***	0.072***	-0.002	-0.000	-0.547***	-0.075***	0.005	0.001
收购方检查	-0.426	-0.078	0.328	0.046	0.282	0.056	0.165	0.023	0.303	0.040
收入影响预期	-0.071	-0.013	0.650***	0.091***	0.104	0.021	0.264	0.036*	0.181	0.024
质量安全认知	-0.129	-0.024	-0.336*	-0.047**	-0.565***	-0.112***	-0.144	-0.020	-0.125	-0.017
兽药使用使用标准认知	—	—	—	—	—	—	—	—	—	—
饲料使用标准认知	0.727***	0.132***	—	—	—	—	—	—	—	—
设施配置标准认知	—	—	1.008***	0.141***	—	—	0.541***	0.074***	0.354*	0.047**
养殖档案标准认知	—	—	—	—	—	—	—	—	—	—
动物福利标准认知	—	—	—	—	—	—	0.407**	0.056***	0.202	0.027
药物即添加剂残留危害认知	—	—	—	—	—	—	—	—	—	—
常数项	-2.425	—	-4.100**	—	1.502	—	-3.792*	—	-4.000*	—
对数似然值	-283.825		-227.436		-303.320		-221.125		-216.738	
Pseudo R²	0.214		0.372		0.160		0.381		0.314	
LR chi2	113.55***		269.47***		93.35***		147.53***		134.63***	

注：*、**、***分别表示在10%、5%和1%水平上显著。

　　表2中边际效应分析结果显示，中间商购销交易模式均在1%水平上显著正向影响日粮配制、排水排污和区域隔离；合作社交易模式分别在5%和1%水平上显著正向影响养殖档案、排水排污和区域隔离；企业交易模式分别在5%和1%水平上显著正向影响日粮配制、粪污处理和区域隔离；网络销售交易模式在5%水平上显著正向影响排水排污。与上述回归结果基本一致，在一定程度上检验了模型稳定性（夏利宇，2015）。在日粮配制品质控制中，中间商购销与企业交易模式促进作用相当，均有助于提高日粮配制的实施；在排水排污品质控制中，网络销售交易模式作用较大，中间商购销与合作社交易模式次之，可见以网络销售为代表的新兴销售模式对改善肉羊品质作用较大；在区域隔离品质控制中，合作社与企业交易模式促进作用相当，中间商购销交易模式促进作用较弱，但仍有助于养殖户实施区域隔离，提高品质控制效果。假设2进一步得到验证。

　　控制变量方面，实证结果基本符合预期。其中，养殖年限显著负向影响日粮配制与粪污处理，即从事养羊行业越久的养殖户对日粮配制和粪污处理的实施情况越差，其品质控制效果也越差；养殖规模显著正向影响排水排污和区域隔离，即随着肉羊养殖规模的扩大，养殖户对品质控制实施越好，品质控制效果也越好；技术培训显著正向影响日粮配制、养殖档案和区域隔离，表明技术培训对提高养殖户品质控制促进作用明显，应进一步加强有关不同控制内容的技术培训，以保障肉羊养殖户品质控制效果；饲料使用标准认知显著正向影响日料配制，养殖档案标准认知显著正向影响养殖档案，设施配置标准认知显著正向影响排水排污和区域隔离，表明认知对行为的促进作用不容忽视，应提高养殖户对相关标准的认知水平。

4.2　交易模式对肉羊养殖户安全控制行为的影响

　　表3是交易模式对肉羊养殖户安全属性的影响及边际效应。中间商

购销交易模式显著正向影响兽药安全、用药记录和休药期执行，且分别通过10%和1%显著性检验。表明中间商购销交易模式中的肉羊养殖户安全控制效果较好，其兽药安全、用药记录和休药期执行等方面实施较好。但中间商购销交易模式对病死羊处理与人员消毒的影响不显著，可能在中间商购销交易模式中，收购方对病羊检测能力有限，只能依靠肉眼观察和长期从事收购经验获得，收购过程中很可能与健康羊只混合收购，养殖户对此有较强道德风险，不能有效约束养殖户对病死羊无害化处理，人员消毒方面现实中很多收购方对此关注度不高，也缺乏相应的约束与监督机制，很难对养殖户行为改善产生影响。合作社交易模式显著正向影响兽药安全、用药记录、休药期执行、病死羊处理和人员消毒，且分别通过10%和5%显著性检验。表明合作社交易模式下的肉羊养殖户安全控制效果较好，其兽药安全、用药记录、休药期执行、病死羊处理和人员消毒等方面均实施较好。企业交易模式和网络销售交易模式均未对肉羊养殖户安全控制行为产生显著影响。假设1得到一定验证。

表3中边际效应分析结果显示，中间商购销交易模式分别在5%和1%水平上显著正向影响兽药安全、用药记录和休药期执行；合作社交易模式分别在10%、5%和1%水平上显著正向影响兽药安全、用药记录、休药期执行、病死羊处理和人员消毒；企业交易模式和网络销售交易模式对各安全控制指标均未产生显著影响。与上述回归结果一致，在一定程度上检验了模型稳定性（夏利宇，2015）。在兽药安全控制指标中，中间商购销交易模式与合作社交易模式的促进作用相当，均有助于促进养殖户选择安全兽药养殖；在用药记录安全控制中，合作社交易模式的边际效应大于中间商购销交易模式，说明合作社交易模式对养殖户用药记录指标影响更大，控制效果更好；在休药期执行安全控制中，合作社交易模式的边际效应大于中间商购销交易模式，说明合作社交易模式对养殖户休药期执行指标的影响更大，控制效果更好。假设1进一步得到验证。

表3　不同交易模式对肉羊养殖户安全控制行为的影响

变量	兽药安全		用药记录		休药期执行		病死羊处理		人员消毒	
	系数	边际效应	系数	边际效应	系数	边际效应	系数	边际效应	系数	边际效应
中间商购销交易模式	0.606*	0.114**	0.690*	0.109**	1.076***	0.170***	0.051	0.005	0.372	0.056
合作社交易模式	0.607*	0.114*	1.032**	0.162***	1.284**	0.202***	1.118*	0.113**	0.746*	0.112**
企业交易模式	-0.117	-0.022	-0.391	-0.061	-0.252	-0.040	-0.800	-0.081	-0.145	-0.022
网络销售交易模式	0.931	0.175	0.000	0.000	0.000	0.000	0.000	0.000	0.508	0.076
年龄	0.051***	0.010***	-0.031*	-0.005**	0.004	0.001	0.011	0.001	-0.005	-0.001
受教育程度	0.154	0.029	-0.327*	-0.051**	0.133	0.021	0.533*	0.054**	-0.052	-0.008
风险偏好	-0.216	-0.041	-0.270	-0.042	-0.093	-0.015	-0.359	-0.036	0.066	0.010
养殖年限	0.020	0.004	0.001	0.000	-0.019	-0.003	-0.046**	-0.005***	-0.020	-0.003
养殖规模	-0.125	-0.024	-0.086	-0.014	-0.207	-0.033	-0.318	-0.032	0.694***	0.104***
饲养方式	0.192	0.036	1.718***	0.270***	0.629	0.099	-0.418	-0.042	0.784**	0.117**
专业化程度	0.001	0.000	0.003	0.000	0.016**	0.003***	-0.005	-0.001	-0.008	-0.001
家庭劳动力数量	0.078	0.015	-0.077	-0.012	0.050	0.008	0.136	0.014	0.102	0.015
技术培训	0.836***	0.157***	0.989***	0.156***	0.545**	0.086**	0.315	0.032	-0.344	-0.052
组织参与	-0.515	-0.097	-0.002	-0.000	-0.417	-0.066	-0.531	-0.054	0.776**	0.116**
贷款情况	0.376	0.071	0.162	0.026	-0.707**	-0.111***	-0.235	-0.024	0.707***	0.106***
政府政策支持	-0.911***	-0.171***	-1.091***	-0.172***	-0.212	-0.033	0.561	0.057	-0.908***	-0.136***

续表

变量	兽药安全 系数	兽药安全 边际效应	用药记录 系数	用药记录 边际效应	休药期执行 系数	休药期执行 边际效应	病死羊处理 系数	病死羊处理 边际效应	人员消毒 系数	人员消毒 边际效应
政府监管力度	-0.069	-0.013	0.016	0.003	-0.559***	-0.088***	-0.433*	-0.044**	-0.225	-0.034
收购方检查	0.712**	0.134***	0.248	0.039	0.001	0.000	0.815*	0.083***	0.375	0.056
收入影响预期	0.187	0.035	0.440**	0.069***	0.226	0.036	0.143	0.014	0.059	0.009
质量安全认知	0.032	0.006	0.406**	0.064***	0.404***	0.064***	0.586***	0.059***	0.028	0.004
兽药使用标准认知	-0.026	-0.005	—	—	0.471***	0.074***	—	—	—	—
饲料使用标准认知	—	—	—	—	—	—	—	—	—	—
设施配置标准认知	—	—	—	—	—	—	—	—	—	—
养殖档案标准认知	—	—	0.580***	0.091***	—	—	-0.410	-0.042	—	—
动物福利标准认知	—	—	—	—	—	—	0.716**	0.073***	0.724***	0.109***
药物即添加剂残留危害认知	0.116	0.022	—	—	—	—	0.742	—	—	—
常数项	-4.593***	—	-2.116	—	-1.244	—			-5.100***	—
对数似然值	-291.433		-246.323		-246.250		-170.188		-239.321	
Pseudo R2	0.139		0.306		0.185		0.251		0.339	
LR chi2	94.30		217.10		111.46		114.12		245.38	

注：*、**、*** 分别表示在10%、5%和1%水平上显著。

控制变量方面，实证结果基本符合预期。其中，养殖规模显著正向影响人员消毒，即随着肉羊养殖规模的扩大，养殖户通过人员消毒改善肉羊安全的可能性增大，有助于改善安全控制效果；饲养方式显著正向影响用药记录和人员消毒，即舍饲饲养的养殖户记录用药和人员消毒的可能性更高；技术培训显著正向影响用药记录和休药期执行，表明技术培训对提高肉羊养殖户安全控制效果促进作用明显；收购方检查显著正向影响兽药安全与病死羊处理，可见收购方必要的质量安全检查可有效促进养殖户选择安全可靠的兽药途径和病死羊无害化处理，降低扰乱市场秩序的可能性；兽药使用标准认知显著正向影响休药期执行，养殖档案标准认知显著正向影响用药记录，动物福利标准认知显著正向影响人员消毒，应进一步提高养殖户相关标准的认知水平。

5. 结论与政策建议

5.1 结论

不同交易模式对肉羊养殖户品质属性与安全属性影响不同。品质属性方面，相较于市场自销交易模式，中间商购销、合作社、企业和网络销售交易模式均有助于提升品质属性控制效果。其中，中间商购销交易模式与企业交易模式对日粮配制影响的边际效应相差较小，网络销售交易模式对排水排污影响的边际效应最大，合作社交易模式与企业交易模式对区域隔离影响的边际效应相当。安全属性方面，相较于市场自销交易模式，中间商购销交易模式和合作社交易模式对肉羊养殖户安全属性控制效果较好。其中，中间商购销交易模式与合作社交易模式对兽药安全影响的边际效应相当，合作社交易模式对用药记录和休药期执行影响的边际效应大于中间商购销交易模式，合作社交易模式对安全属性控制效果更好。其他变量方面，养殖规模、技术培训和养殖档案标准认知均有助于提高肉羊养殖户品质属性与安全属性的控制效果；收购方质量安全检查、兽药使用标准认知和动物福利标准认知对养殖户安全属性控制效果较好；设施配置标准认知和饲料使用标准认知对养殖户品质属性控制效果较好。

5.2 政策建议

一是进一步拓展与丰富可供肉羊养殖户选择的交易模式。中间商购销交易模式和合作社交易模式对养殖户品质与安全属性控制效果均较好，政府与相关部门可鼓励养殖户通过中间商购销交易模式与合作社交易模式进行肉羊销售，以督促其实施肉羊质量控制行为，提高肉羊品质与安全水平控制效果。

二是重视和完善当地龙头企业发展，促进企业交易模式发挥应有作用。当前企业交易模式存在的最大问题是很多地区存在龙头企业组织短缺问题，政府需重视当地优质产业链的发展，一方面，积极引导当地有能力和有潜力的企业树立产业化发展理念，尤其是畜牧养殖加工龙头企业，鼓励更多市场主体参与，充分激发龙头企业与养殖户深度衔接的内生动力；另一方面，针对已有的企业组织要做好引导与宣传工作，使养殖户认识到企业交易模式在肉羊生产中起到帮扶与规避市场风险作用，提高养殖户对企业交易模式的认知和认同，建立良性的利益联结机制。

三是完善网络销售模式。当前肉羊养殖户的互联网参与度较低，一方面，加强互联网宣传作用与互联网技能的学习，帮助养殖户开拓新的参与市场方式；另一方面，加强网络销售交易模式的溯源力度，促进养殖户安全养殖与生产。

参考文献

[1] 常倩，王士权，李秉龙．农业产业组织对生产者质量控制的影响分析——来自内蒙古肉羊养殖户的经验证据 [J]．中国农村经济，2016（3）：54 -64，81.

[2] 常倩．基于效益与质量提升的肉羊产业组织运行机制研究 [D]．北京：中国农业大学，2018.

[3] 胡定寰，陈志钢，孙庆珍等．合同生产模式对农户收入和食品安全的影响——以山东省苹果产业为例 [J]．中国农村经济，2006（11）：17 -24，41.

[4] 蒋永穆，高杰．不同农业经营组织结构中的农户行为与农产品质量安全 [J]．云南财经大学学报，2013，29（1）：142 -148.

[5] 刘庆博．纵向协作与宁夏枸杞种植户质量控制行为研究 [D]．北京：北京林业大学，2013.

[6] 麻丽平．苹果种植户安全生产行为研究 [D]．咸阳：西北农林科技大学，2017.

[7] 舒畅，乔娟，耿宁．畜禽养殖废弃物资源化的纵向关系选择研究——基于北京市养殖场户视角 [J]．资源科学，2017，39（7）：1338 -1348.

[8] 王萌，乔娟，沈鑫琪．交易方式对养猪场户生猪质量安全控制行为的影响 [J]．中国农业大学学报，2019，24（10）：198 -208.

[9] 卫龙宝，卢光明．农业专业合作组织实施农产品质量控制的运作机制探析——以浙江省部分农业专业合作组织为例 [J]．中国农村经济，2004（7）：36 -40，45.

[10] 吴学兵，乔娟．养殖场（户）生猪质量安全控制行为分析 [J]．华南农业大学学报（社会科学版），2014，13（1）：20 -27.

［11］夏利宇．先赋性因素和自致性因素对子辈就业地位获取的影响分析［D］．太原：山西财经大学，2015．

［12］袁雪霈，刘天军，侯晓康．交易模式对农户安全生产行为的影响——来自苹果主产区1001户种植户的实证分析［J］．农业技术经济，2019（10）：27-37．

［13］赵建欣．农户安全蔬菜供给决策机制研究［D］．杭州：浙江大学，2008．

［14］钟真，孔祥智．产业组织模式对农产品质量安全的影响：来自奶业的例证［J］．管理世界，2012（1）：79-92．

［15］钟真，雷丰善，刘同山．质量经济学的一般性框架构建——兼论食品质量安全的基本内涵［J］．软科学，2013，27（1）：69-73．

［16］周应恒，卓佳，谢美婧．农户交易模式与农产品质量安全标准选择——一个基于交易费用经济学视角的分析框架的介绍［J］．山西农业大学学报（社会科学版），2010，9（1）：44-47．

［17］朱嘉麒，何军．社会资本异质条件下农户蔬菜质量安全控制行为研究——基于干预效应模型的实证分析［J］．江苏农业科学，2016，44（4）：552-556．

［18］朱文涛，孔祥智．以宁夏枸杞为例探讨契约及相关因素对中药材质量安全的影响［J］．中国药房，2008（21）：1601-1603．

［19］Chambers R G, Fare R, Jaenicke E, et al. Using dominance in forming bounds on DEA models: The case of experimental agricultural data［J］. Journal of Econometrics, 1998（85）.